Mit freundlicher Unterstützung der
Stiftung Kunst und Natur, Dietrich und Ursula Hasse
(Stiftung Hasse)
im Nationalpark Sächsische Schweiz

Frank Richter

Der historische Malerweg

Die Entdeckung der Sächsischen Schweiz im 18./19. Jahrhundert

Verlag der Kunst Dresden

1766 treffen wir zwei Schweizer Maler am Fuße des Königsteins an. Der eine zeichnet den imposanten Tafelberg mit der Festung von allen Seiten. Der andere begleitet den Freund eine Zeit lang und geht dann nach Dresden zurück. Der Zeichner fällt dadurch auf, dass er arretiert wird, weil er Verbotenes tat: Er zeichnete in der freien Landschaft und gar noch die Festung Königstein. Es ist Adrian Zingg, der gerade an die Dresdner Akademie als Lehrer fürs Kupferstechen und Landschaftszeichnen aus Paris geholt wurde. Anstatt sich um die Akademie zu kümmern, suchte er sofort die Begegnung mit der Landschaft um Dresden, wochenlang. Das Skizzenbuch von 1766 verzeichnet 54 Blätter, die in der Zeit von August bis Anfang Oktober entstanden sind.

Adrian Zingg, der Landschafter, und Anton Graff, der Porträtmaler, gelten heute als die Entdecker der Sächsischen Schweiz. Mit einer gewissen Berechtigung lässt sich das schon sagen, aber genau betrachtet stimmt es nicht ganz. Denn schon vor ihnen entstanden Bilder von der Elbsandsteinlandschaft. Vom Dresdner Hofmaler Alexander Thiele etwa, der große Wanderungen durch das Elbsandsteingebirge und weiter bis ins Böhmische hinein gemacht hatte. Ihn begleiteten seine Schüler und Gehilfen Christian Benjamin Müller und Johann Gottlieb Schön. Thiele hatte Prospekte für das Dresdner Schloss zu liefern, vier Stück pro Jahr. Er malte den Königstein und den Tafelberg auf der anderen Elbseite, den Lilienstein, ganz aus der Nähe. Von seinem Schüler Schön kennen wir ebenfalls eine Liliensteindarstellung. Von Müller gibt es eine ganze Reihe von Zeichnungen, sowohl der Festung Königstein,

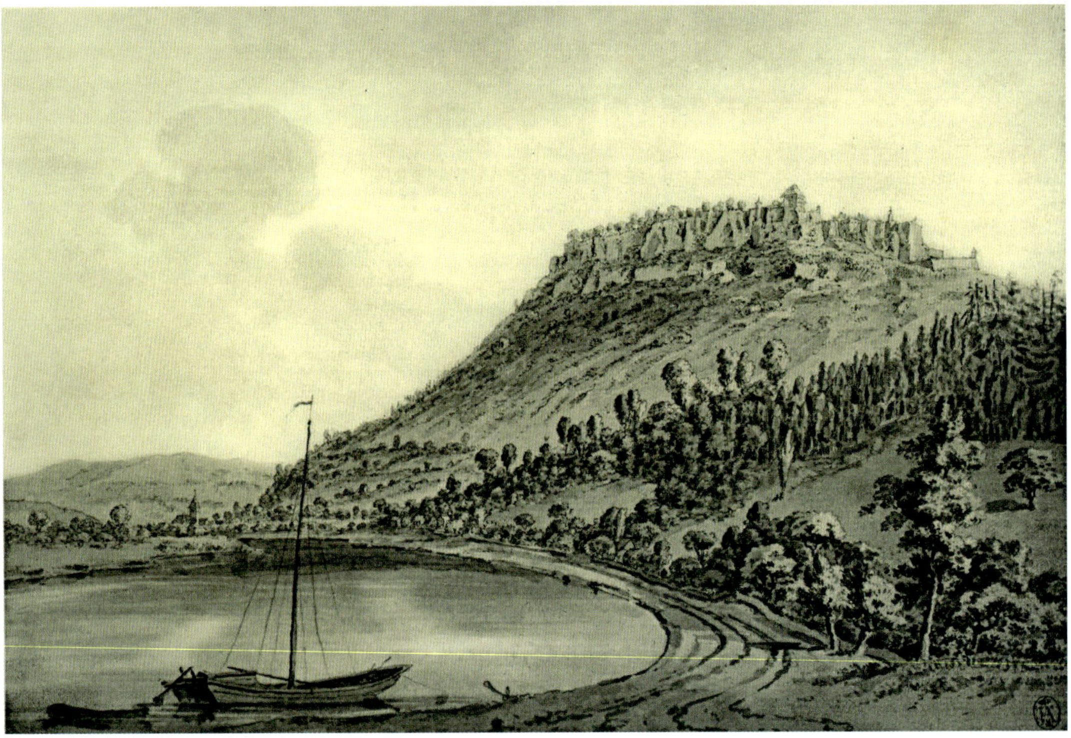

1
Adrian Zingg:
Blick zur Festung Königstein, 1766 (Lichtdruck), Stiftung Hasse

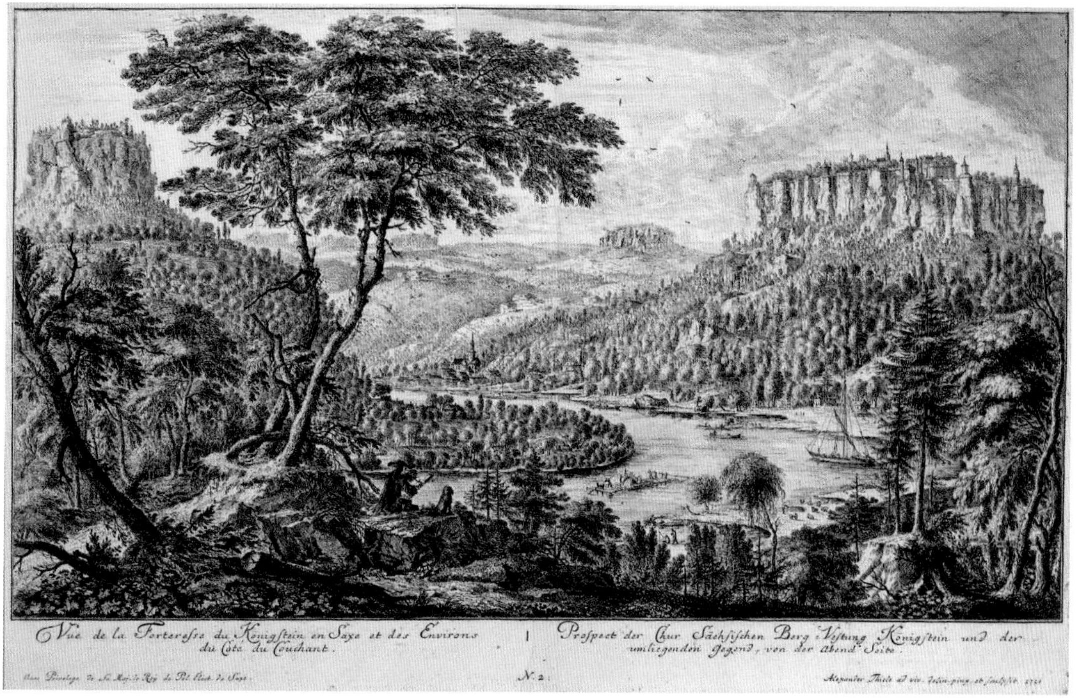

2
Johann Alexander Thiele: Prospekt der Chursächsischen Vestung Königstein und der umliegenden Gegend von der Abendseite, 1726, Stiftung Hasse

dem Lilienstein als auch vom Elbtal. Thiele stach schon 1726 eine der berühmtesten Ansichten der Sächsischen Schweiz, den großen Elbbogen mit der Festung Königstein und dem Lilienstein. Als sich die Schweizer Zingg und Graff aufmachten, das wilde Felsengebirge oberhalb Dresdens zu erkunden, kannte man dafür noch nicht einmal einen eigenen Namen. Meißnerisches Hochland, Böhmische Wälder oder später Pirnisches Sandsteingebirge – so lauteten die Bezeichnungen. Bis heute rätseln die Forscher, wer genau den Namen Sächsische Schweiz aufgebracht hat.[1] Es ist verbindlich nicht festzustellen. Als sicher gilt jedoch, dass er aus dem Zingg'schen Kreis kam. „Alle Schweizer, welche die hiesige Gegend besucht haben, versichern, dass sie mit den schweizer Gegenden sehr viel Ähnlichkeit haben", schrieb Götzinger (1786).

Zingg fertigte nach seinen Zeichnungen Ansichten von der Festung Königstein an, die er auf der Akademieausstellung 1767 [2] in Dresden zeigte. Wenige Jahre später, nachdem Zingg seine ersten Streifzüge durch das Elbsandsteingebirge gemacht hatte, trat mit dem jungen Theologen Wilhelm Leberecht Götzinger ein Mann auf den Plan, dessen Liebe zu seiner Elbsandsteinheimat einen Forscherdrang weckte, der ihn bis in die letzten Winkel führte. Eine erste Beschreibung und seine Forschungsergebnisse veröffentlichte er 1786.[3] Götzinger und Zingg müssen sich gekannt haben. Gerade zu der Zeit, als der Predigtamtskandidat seine Wartezeit auf eine kirchliche Anstellung als Hauslehrer in Hohnstein verkürzte (1783–87), besuchte Adrian Zingg mehrfach mit seinen Schülern Hohnstein. Das Eintreffen dieser Gesellschaft von vier, fünf Leuten[4] mit allerhand Malgerät in dem kleinen Bergstädtchen hat mit Sicherheit für Aufsehen gesorgt.[5] Es gibt Bilder von Zingg, die sich auffallend mit Beschreibungen Götzingers decken. Sie stellen Motive dar, die weit abseits des damals Bekannten liegen und die bei anderen Künstlern nicht

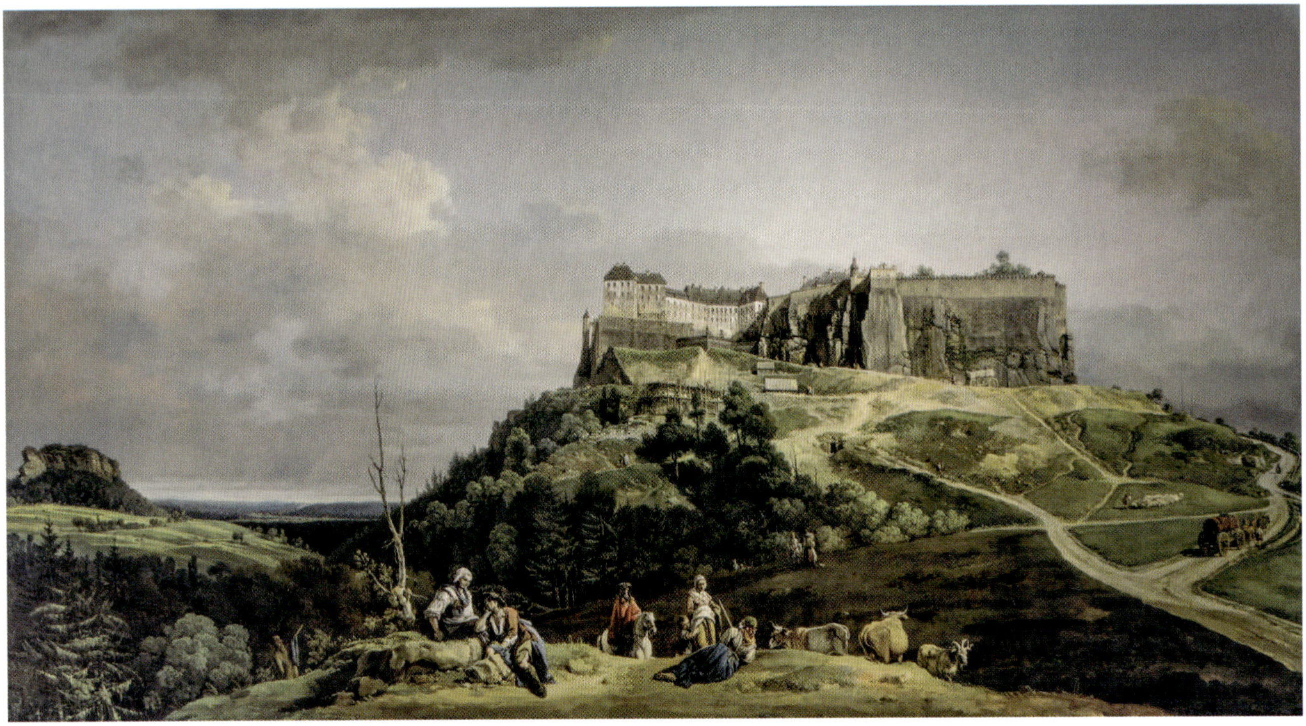

3 Bernardo Belotto, genannt Canaletto: Die Festung Königstein mit dem Lilienstein, 1756/58, Washington, National Gallery of Art

zu finden sind, z. B. der *Blick durch ein Felsentor auf Schloß Hohnstein* oder der *Pechofen ohnweit vom Kuhstall*.[6]

Götzingers Wittenberger Studienkollege Carl August Engelhardt begab sich 1792 mit dem Zeichner und Kupferstecher Johann Philipp Veith auf Wandertour. Das Ergebnis des Streifzuges der begeisterten Wanderfreunde durch das damals noch kaum bekannte Felsenland waren die heute berühmten „*Mahlerischen Wanderungen durch Sachsen*“ (1794/95). Damit war die erste Reisebeschreibung über die Sächsische Schweiz erschienen. Zinggs Bilder, Götzingers und Engelhardts Bücher taten ihre Wirkung, brachten die Elbsandsteinlandschaft ins Gespräch und machten neugierig.

Der Lohmener Pastor Carl Heinrich Nicolai, ebenfalls ein passionierter Wanderfreund, gab 1801 mit seinem handlichen „*Wegweiser durch die Sächsische Schweiz*“ ein Büchlein zum praktischen Gebrauch heraus. Dieser echte Wanderführer mit Wegekarte machte Furore, erlebte mehrere Auflagen und begründete die Standardroute durch die Sächsische Schweiz, die wir heute „Historischer Malerweg“ nennen. Dabei spielte es keine Rolle, dass Nicolai anfangs noch nicht bis zum Prebischtor kam. Benutzt wurden weitgehend alte, schon vorhandene Wege, die nun Fremdenweg genannt wurden. Noch heute hat sich diese Bezeichnung abschnittsweise erhalten.

Kurz nach der Wende zum 19. Jahrhundert war es nahezu zwingend, bei einem Dresdenbesuch eine drei- bis viertägige Reise in die Sächsische Schweiz zu unternehmen.

Rechte Seite:
4
Adrian Zingg:
Blick durch ein Felsentor auf Schloss Hohnstein, um 1800, Wien, Albertina, Graphische Sammlung

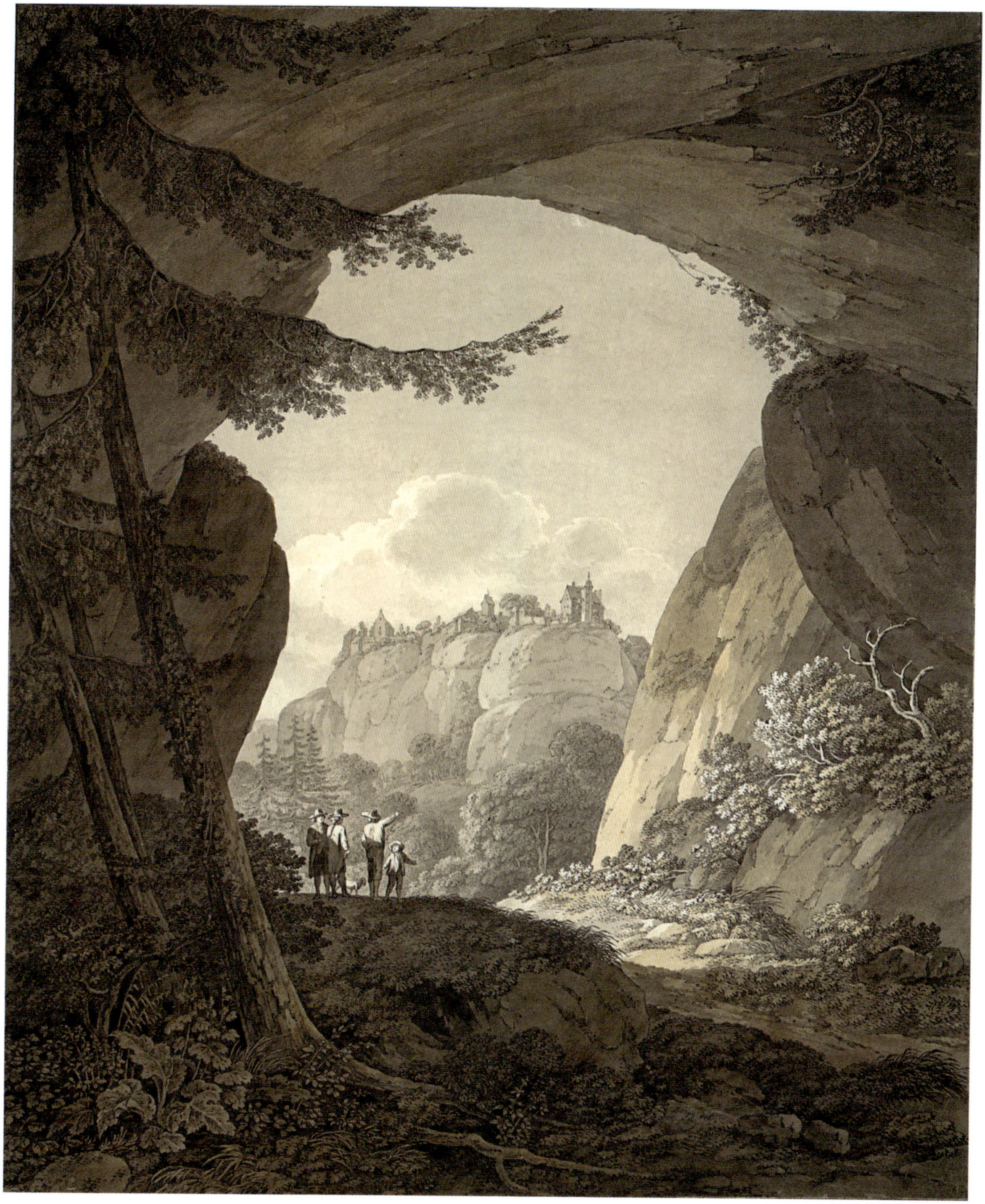

Die ideale Landschaft

Jean-Jacques Rousseau: ***„Man weiß, was ich unter einer schönen Gegend verstehe. Ich verlange Gießbäche, Felsen, Tannen, dunkle Wälder, Berge, raue, auf- und abführende Pfade und fürchterliche Abgründe neben mir.“***

Die Landschaftsmalerei in der Mitte des 18. Jahrhunderts reagiert auf die Entwicklung der Naturwissenschaften, die zunehmende Urbanisierung und die aufkommende Industrialisierung. Die Maler beginnen sich vom idealen Landschaftsbild zu lösen und suchen ihre Bilder in der realen Natur, die bis dahin nicht für darstellungswürdig angesehen wurde. Neu in der zweiten Hälfte des 18. Jahrhunderts ist das Aufsuchen der Natur in Erwartung eines ästhetischen Erlebnisses. Man sucht das Sublime und das Erhabene, man orientiert sich am Malerischen. „*Pittoreske Landschaft*“ wird ein Modewort jener Zeit. Die Künste greifen ineinander. Die Dichter folgen denselben Mustern wie die Maler, die Musiker hören in die Landschaft hinein. Es wird völlig Neues entdeckt. Die dem Neuen gegenüber aufgeschlossenen Menschen folgen dem Ruf der Künstler und suchen die entdeckten Landschaften auf. In Deutschland sind es neben dem Rhein vor allem drei Landschaften, die in idealer Weise dem neuen Programm entsprechen: die Insel Rügen, der Harz und vor allem das Elbsandsteingebirge. Schnell verbreitet sich der Ruhm unseres kleinen Felsengebirges weit über Deutschland hinaus. Überraschenderweise finden die Maler die Elemente der Ideallandschaft in der Naturwirklichkeit: Wasser, Felsen und Bäume, charakteristische Architektur, menschliche Figuren (Staffage).

Der allegorische Aspekt, vor allem in der Romantik, gewinnt zunehmend an Bedeutung in der

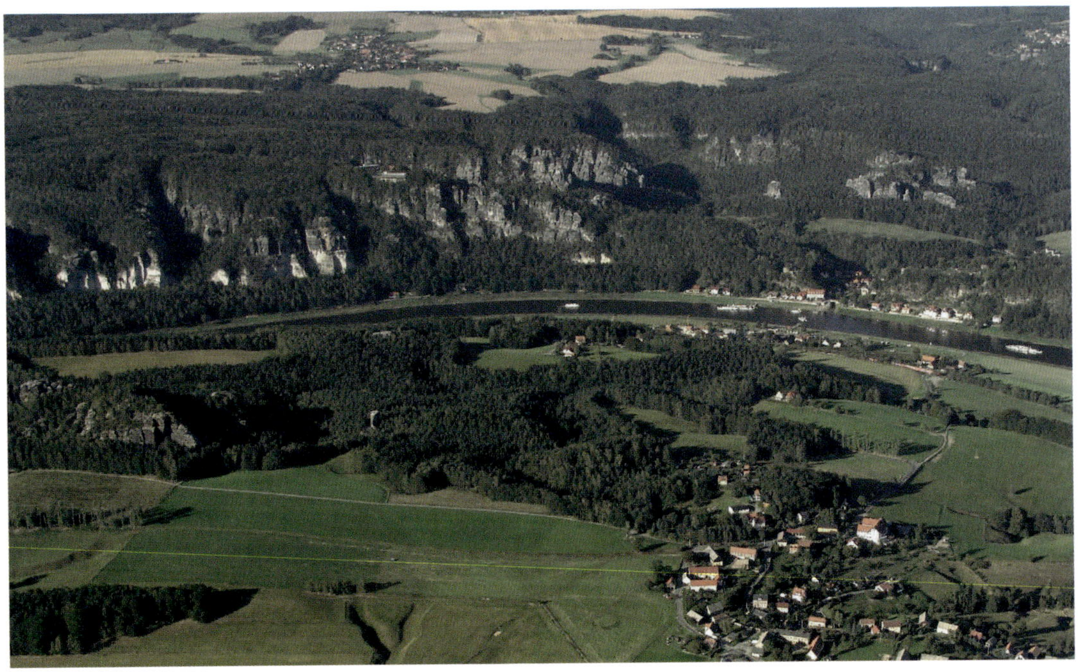

5
Die Rathener Felsen
Blick über das Dorf Weißig gegen Rathen (Luftaufnahme)

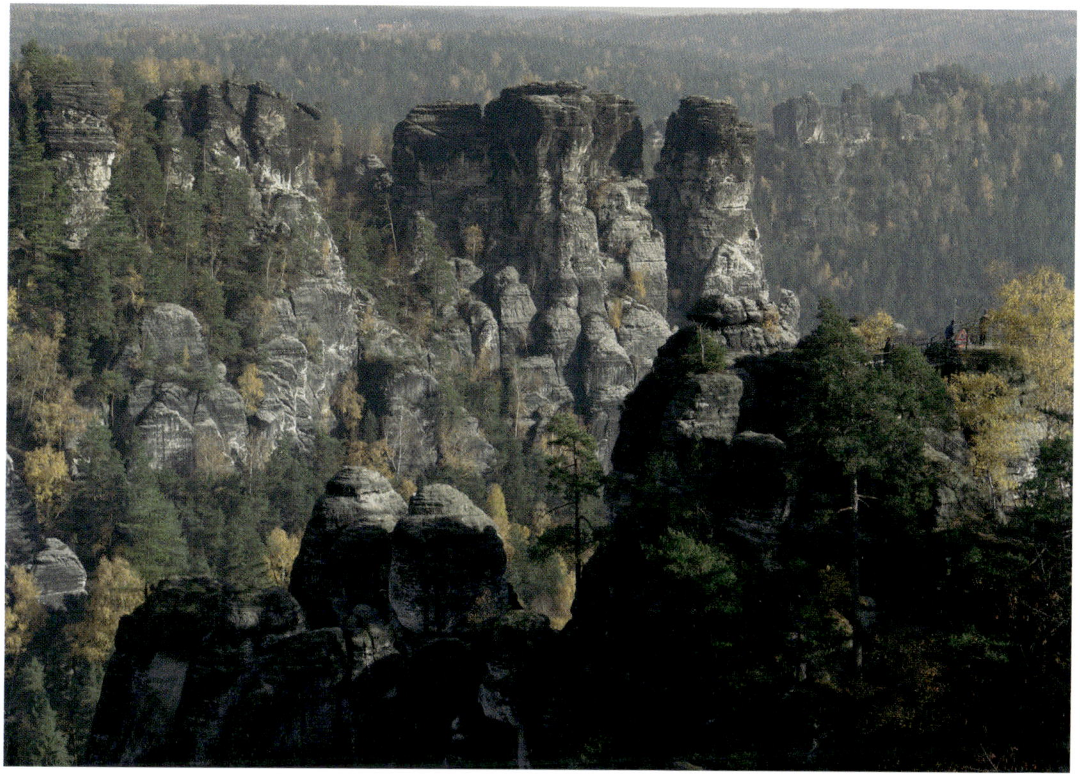

6
Blick zur Kleinen Gans, von der Nordterrasse des Basteihotels über den Wehlgrund.

Malerei. Ruinen stehen für eine Rückbesinnung zum Altertum. Der Fluss symbolisiert den Strom des Lebens. Felsentore weisen den Durchgang von einem Dasein ins andere. Felsenabgründe beschwören die Gefahren des Lebens. Bäume stehen für Leben, Hoffnung, Erneuerung ...
Die Landschaft des Elbsandsteingebirges bietet alle diese Elemente in reichem Maße: Den Fluss findet man zuerst in der damals noch ungebändigten Wesenitz im Liebethaler Grund, in der Kirnitzsch im gleichnamigen Kirnitzschtal und natürlich in der Elbe, dem großen Strom, der dem Elbsandsteingebirge den Namen gab. Felsformationen gibt es im Überfluss. In den Felsenschluchten findet man die ersten Motive, die erschauern lassen: Den Uttewalder Grund oder die Wolfsschlucht am Hockstein. Der erhabene Berg ist der Lilienstein. Den Wasserfall verkörpern der Amselfall und der Lichtenhainer Wasserfall. Die Ruinen findet man in den Resten der Wehlener Burg. Die mittelalterliche Burg steht auf dem Königstein oder auf dem wilden Felsensporn in Hohnstein. Als Höhle bietet die Kuhstallhöhle das herausragende Landschaftselement. Und das Felsentor findet man unübertroffen im Prebischtor. Die Menschen als Staffage werden jeweils typisch eingefügt. So finden wir in den neuen Bildern Waldarbeiter und Steinbrecher, Fischer und Schiffer, Maler und die „Schweizreisenden" selbst, wie die Touristen damals bezeichnet wurden.
Götzinger (1786) über das Elbsandsteingebirge: „Man nennt daher unsere Gegend mit Recht eine romantische Gegend, die einen Platz in den dichterischen Schilderungen von Sächsischen Gegenden verdiente."

Kurfürst Friedrich August III. speist 1771 mit seinem Hofstaat auf dem Lilienstein, den er von der Festung Königstein aus immer vor Augen hatte und von Johann Alexander Thieles Gemälden kennen musste. Sieben Mal wird er noch den Lilienstein besuchen.

Sieht man von den Entdeckern der Sächsischen Schweiz, dem Hofmaler Thiele mit seinen Schülern und den beiden Schweizern Adrian Zingg und Anton Graff, ab, so finden wir bald die ersten prominenten Gäste. Salomon Gessner, der Idyllendichter aus Zürich, ist mit Zingg befreundet und schickt ihm seinen Sohn Conrad[7] als Schüler. Als Gessner 1786 Dresden besucht, bringt er den Pädagogen Johann Heinrich Pestalozzi und den Maler und Kunstliteraten Hans Heinrich Füßli mit. Sie tragen sich ins Gästebuch der Festung Königstein ein.

1790 besucht Elisa von der Recke, die mit vielen Persönlichkeiten des geistigen Lebens bekannt war und sich auch schriftstellerisch betätigte, mit dem preußischen Gesandten Karl Friedrich Graf Geßler und Christian Gottfried Körner, dem Vater des Freiheitsdichters Theodor Körner, die Sächsische Schweiz. Den jungen Körner treffen wir 1806 das erste Mal in der Sächsischen Schweiz, er ist in Schandau zur Kur. Er wird später vom „Kraft- und Prachtplatz der Natur“ sprechen. Der Künstlerkollege Daniel Chodowiecki ist mit Zingg und Graff befreundet und besucht beide 1798 in Dresden. In seinem Reisejournal[8] beschreibt er ausführlich diesen Besuch und auch den gemeinsamen, etwas abenteuerlichen Ritt zur Festung Königstein.

1798 kommt Caspar David Friedrich nach Dresden, wo er sich für immer niederlässt. Er studiert kurze Zeit bei Zingg an der Akademie und besucht nachweislich ab 1799 mehrfach die Sächsische Schweiz. Mit dem Gemälde „*Felsenschlucht*“ schuf er 1823 das beeindruckendste Bild von der Sächsischen Schweiz. Tagelang streift er manchmal durch die wilde Felsenlandschaft, um sich mit seinen „Wolken und Felsen“ zu vereinen, und 1813 zieht er sich monatelang wegen der Kriegswirren in das Fischerdorf Krippen zurück.[9]

7
Ludwig Richter:
Schweizreisende auf der Bastei. An den besuchtesten Aussichtsplätzen traten Harfenmädchen zur Unterhaltung auf.
Stiftung Hasse

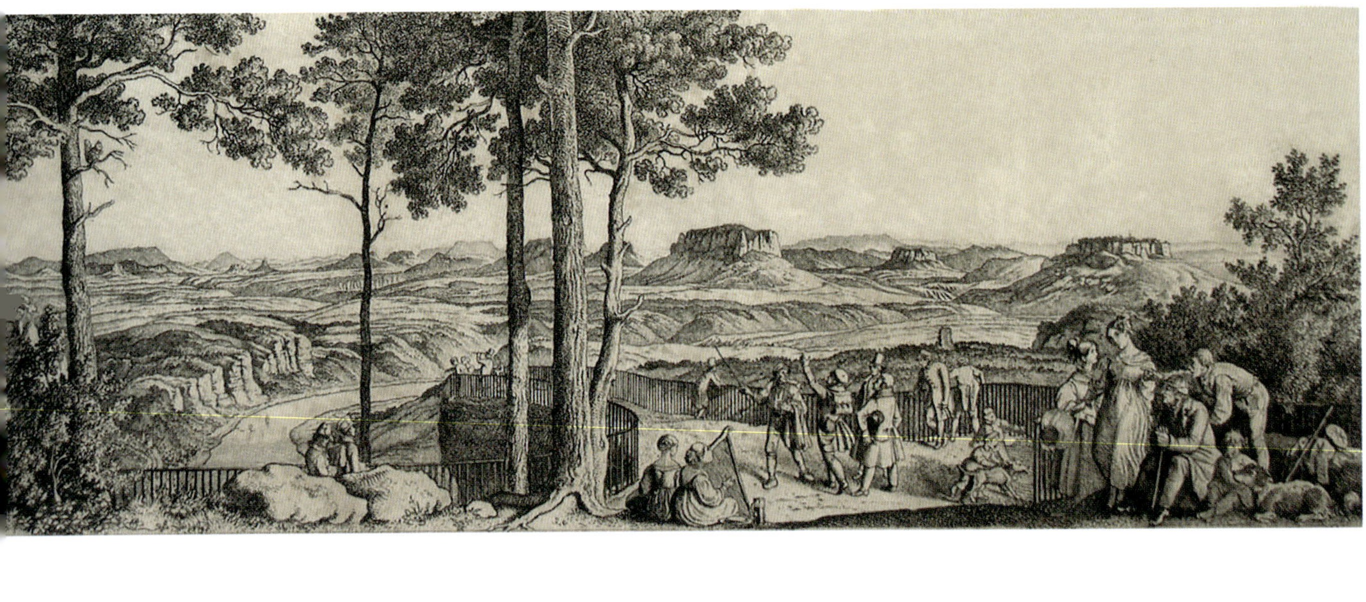

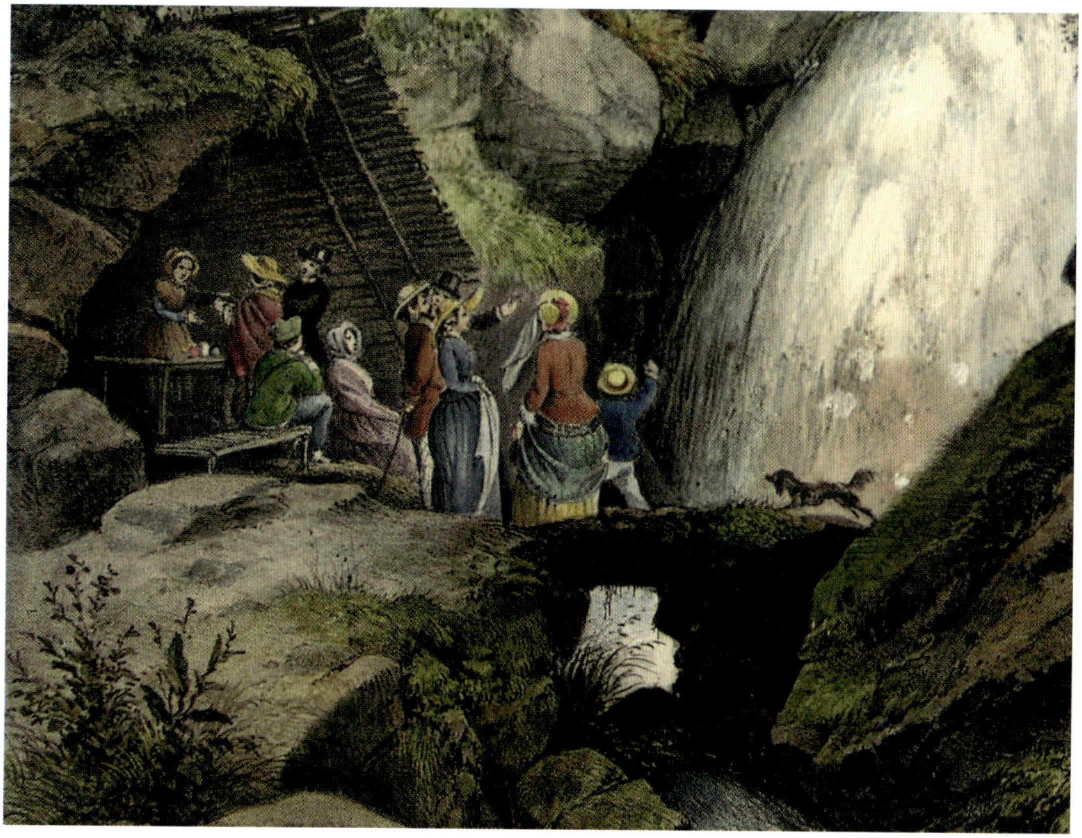

8
Ernst Hasse:
Schweizreisende am Amselfall (Ausschnitt) Mitte 19. Jhd., Stiftung Hasse

Ludwig Rellstab, der Berliner Dichter und Musikschriftsteller, reist 1811 nach Dresden und besucht auch mit seinen Eltern die Sächsische Schweiz. Der Vater hatte „alle möglichen Erkundungen über die zweckmäßige Bereisung eingezogen“ [...] Auf der Bastei „ließ sich wahrnehmen, daß dieses Gebirge damals nicht nur von Berlin aus, sondern selbst von Dresden her unvergleichlich weniger besucht werden mußte als jetzt .[...] Die Einsamkeit erhöhte den romantischen Reiz ungemein. Auf der Bastei selbst keine Spur einer Anlage [...] Man betrat die kahle Felsplatte ohne Geländer. [...] Auf der Felsspitze selbst mußten wir uns niederlegen, da der Sturm uns sonst leicht hätte hinabstürzen können.“[10]
Wie weit Heinrich von Kleist in die Felsenlandschaft vorgedrungen ist, wissen wir nicht. Von Ferne rühmt er die Tafelberge.
Carl Gustav Carus wird 1814 als Arzt nach Dresden berufen. Ab 1815 besucht er mehrfach die Sächsische Schweiz. Als Künstler gewinnt er die Freundschaft Caspar David Friedrichs und ist auch mit ihm im Elbsandsteingebirge unterwegs. Der Norweger Johan Christian Dahl, der ab 1819 in Dresden lebt, gewinnt ebenfalls die Freundschaft Friedrichs und wohnt später sogar im selben Haus. Bald nach seiner Ankunft treffen wir ihn zum ersten Mal auf dem Malerweg.
1816 wandert ein Dreizehnjähriger mit seinem Vater durch die Sächsische Schweiz, um die wichtigsten Partien dieser nun schon weithin berühmten Landschaft zu zeichnen. Es ist Adrian Ludwig

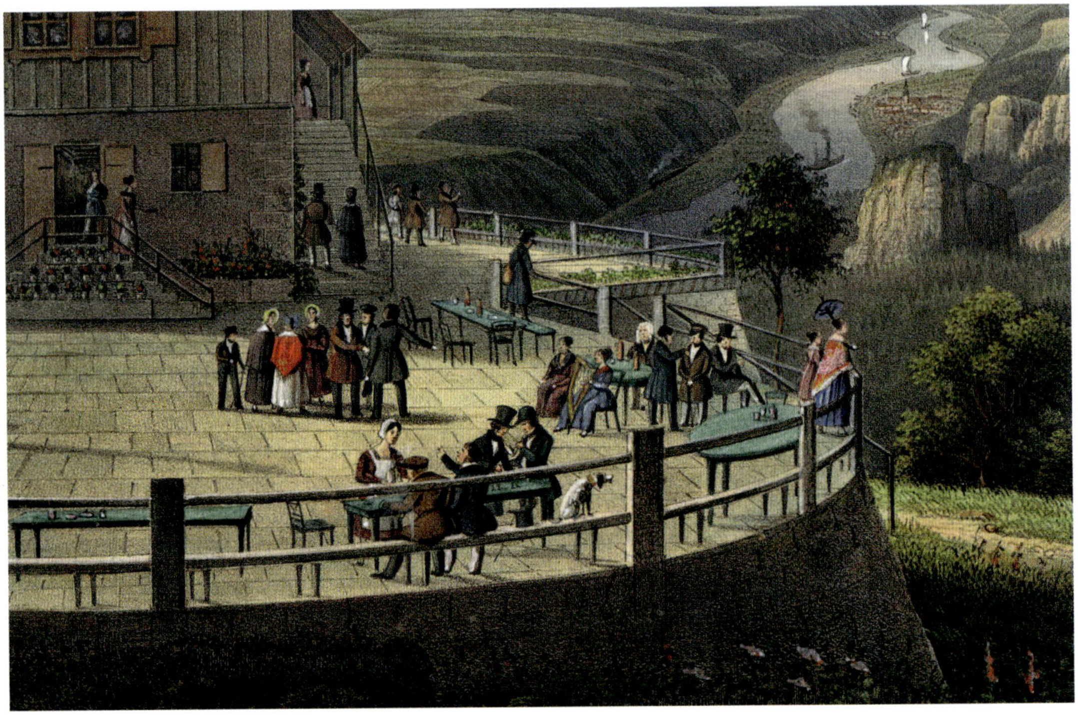

9
Anonym:
Schweizreisende auf der Terrasse des Winterberggasthauses (Ausschnitt) Mitte 19. Jhd., Stiftung Hasse

Richter. Das wachsende Interesse der neuen Schweizreisenden an der Sandsteinlandschaft will der Dresdner Verlagsbuchhändler Johann Christoph Arnold mit einem Ansichtenbüchlein befriedigen. Es entstehen die *„70 Mahlerischen An- und Aussichten der Umgegend von Dresden“* Die Hälfte der Radierungen sind Motive aus dem Elbsandsteingebirge. Der große Erfolg dieses Ansichtenbuches, es hat mehrere Auflagen, wird durch ein zweites fortgesetzt. Diesmal macht es der inzwischen 20-jährige Ludwig Richter allein. Es erscheint 1823 unter dem Titel *„30 An- und Aussichten zu einem Taschenbuch für den Besuch der Sächsischen Schweiz“*. Die frühe Beschäftigung mit der Sächsischen Schweiz haben den künftigen Landschafter Ludwig Richter offensichtlich abgehalten, sich als gereifter Künstler noch einmal mit dieser Landschaft zu beschäftigen. Die anfängliche Begeisterung an der Arbeit wich offensichtlich der Angst, „als elender Prospektradierer zugrunde zu gehen“, wie er in seinen Lebenserinnerungen schreibt. 1817 finden wir den Literaten und Oberinspektor der Dresdner Antikensammlung Hofrat Karl August Böttiger auf der Bastei und am Kuhstall. 1817 war auch das Jahr, in dem Carl Maria von Weber am Freischütz arbeitete und häufig in Hosterwitz wohnte. Max Maria von Weber schreibt in seinen Erinnerungen an den Vater“ „Wenn Gäste ihn besuchten, denen er durch die Schönheit seines neuen Vaterlandes recht zu imponieren wünschte, pflegte er sie nach der sogenannten Bastei in der Sächsischen Schweiz und zwar durch den Teufels- und Ottowalder Grund hinaufzuführen. Von der Größe und bizarren Originalität dieser Szenerien war Weber immer aufs neue lebhaft ergriffen, und es konnte ihm unendliches Behagen verursachen, wenn Fremde, besonders solche aus dem Flachlande, zwischen diesen Felswänden, chaotischen Stein-

massen und gähnenden Spalten wechselnd, von Grauen und Entzücken bewegt wurden."[11]
Auch die Dichterin Helmina Chezy, die zu dieser Zeit für Weber Opernlibretti verfasste, begab sich auf „Schweiztour" In seinen Lebenserinnerungen berichtet ihr Sohn Wilhelm 1863 von einer solchen des Jahres 1819: „Bei einem Bauern blieb die ganze Gesellschaft über Nacht. Helmina erhielt das Bett einer Tochter vom Hause, die andern schliefen auf einer Streu in der Wohnstube. Die zweite Tagesreise führte über die Bastei nach Schandau. [...] Die dritte über das Prebischtor nach Herrnskretschen, wo eine Gondel die Wanderer aufnahm. Das war die gewöhnliche Ordnung einer solchen Duodezschweizerreise."[12]
Goethe war nie im Elbsandsteingebirge. Er ist 1813 nur in Pirna gewesen, war aber von der Lage der Stadt begeistert. „Unendlich schöner Sonnenuntergang", notiert er auf dem Sonnenstein. Sein Sohn August von Goethe besucht 1819 Dresden und die Sächsische Schweiz. Aus seinem Tagebuch erfahren wir, dass er die gesamte Route des Malerweges absolviert hat, in den üblichen drei Tagen.[13] Er wird von seinen Reiseeindrücken dem Dichterfürsten berichtet haben.
Der russische Dichter und Staatsrat Wassilij A. Shukowsky kommt 1821 das erste Mal nach Dresden. Er besucht Caspar David Friedrich im Atelier und eine Lebensfreundschaft entsteht. Friedrich erzählt ihm vom Uttewalder Grund, wo er „einmal eine ganze Woche zwischen Felsen und Tannen gewohnt" habe. Neugierig geworden unternimmt Shukowsky die „Schweiztour" zusammen mit dem russischen Major Olsufjeff. Sie absolvieren die gesamte klassische Route und der Dichter berichtet davon in einem ausführli-

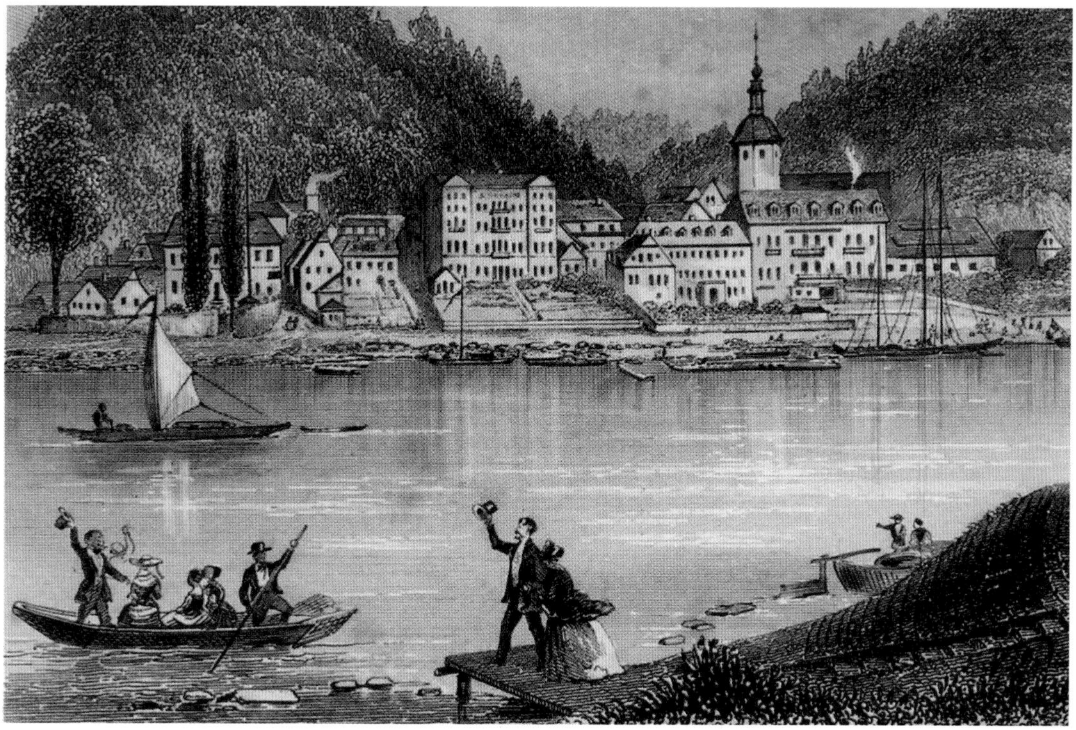

10
A. H. Payne:
Schweizreisende im Boot vor Schandau (Ausschnitt) Mitte 19. Jhd., Stiftung Hasse

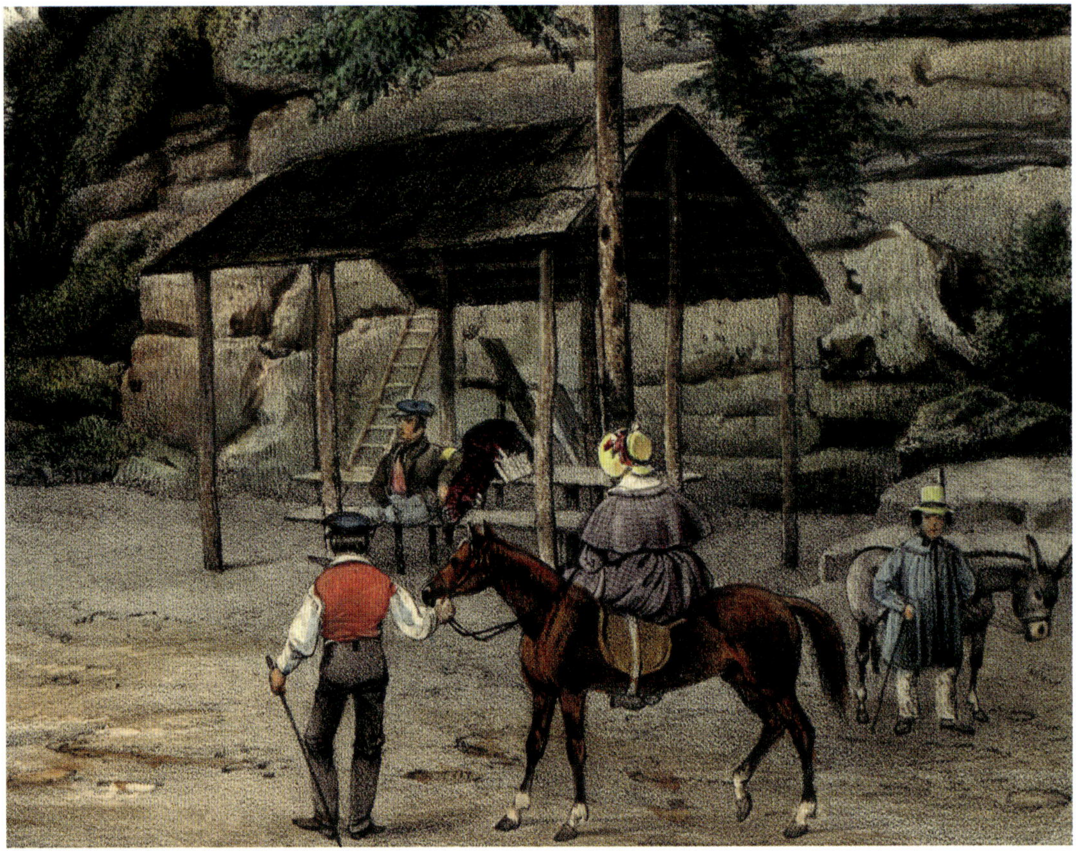

11
Anonym:
Schweizreisende zu Pferd am Amselfall (Ausschnitt), Mitte 19. Jhd., Stiftung Hasse

chen Brief an die Kaiserliche Hoheit, Großfürstin Alexandra Feodorowna, nach St. Petersburg.[14]
1823 begibt sich der 25-jährige Berliner Karl Blechen auf Sachsenreise.[15] Er besucht Johan Christian Dahl und wohl auch Caspar David Friedrich und wandert, von ihnen angeregt, auf dem Malerweg. Er zeichnet eine Reihe von Elbsandsteinmotiven auf großformatigem Papier und macht auch Ölstudien, zum Beispiel einen Fernblick zum Lilienstein.
1830 zieht sich Johann Gottlob von Quandt, der große Förderer der Künste, aus Dresden zurück und lässt sich in Dittersbach am Rand der Sächsischen Schweiz nieder. In einem Brief an die Malerin Louise Seidler"[16] schreibt er: „Die Gegend können Sie sich denken, wenn Ihnen die Lage von Liebethal und Lohmen bekannt ist.“ Damit gibt er uns den Hinweis, dass Louise Seidler, die auch mit Caspar David Friedrich befreundet war und die als „Goethes Malerin“ bezeichnet wurde, die Sächsische Schweiz besucht hat. Quandt macht mit seinen zahlreichen Gästen häufig Besuche in der Umgebung. Er gibt einmal einen lebendigen Bericht im „Dittersbacher Merkur“ über eine Ausfahrt zum Hockstein und zum Brand. Noch interessanter ist die Schilderung seiner schönen Frau Bianca, die ihren „Widerwillen gegen Fußreisen“ nach der Lektüre einer begeisterten Schilderung überwindet und das Wagnis einer Wanderung von Dittersbach zur Bastei auf sich nimmt. „Die Bastey war unser großes Ziel,

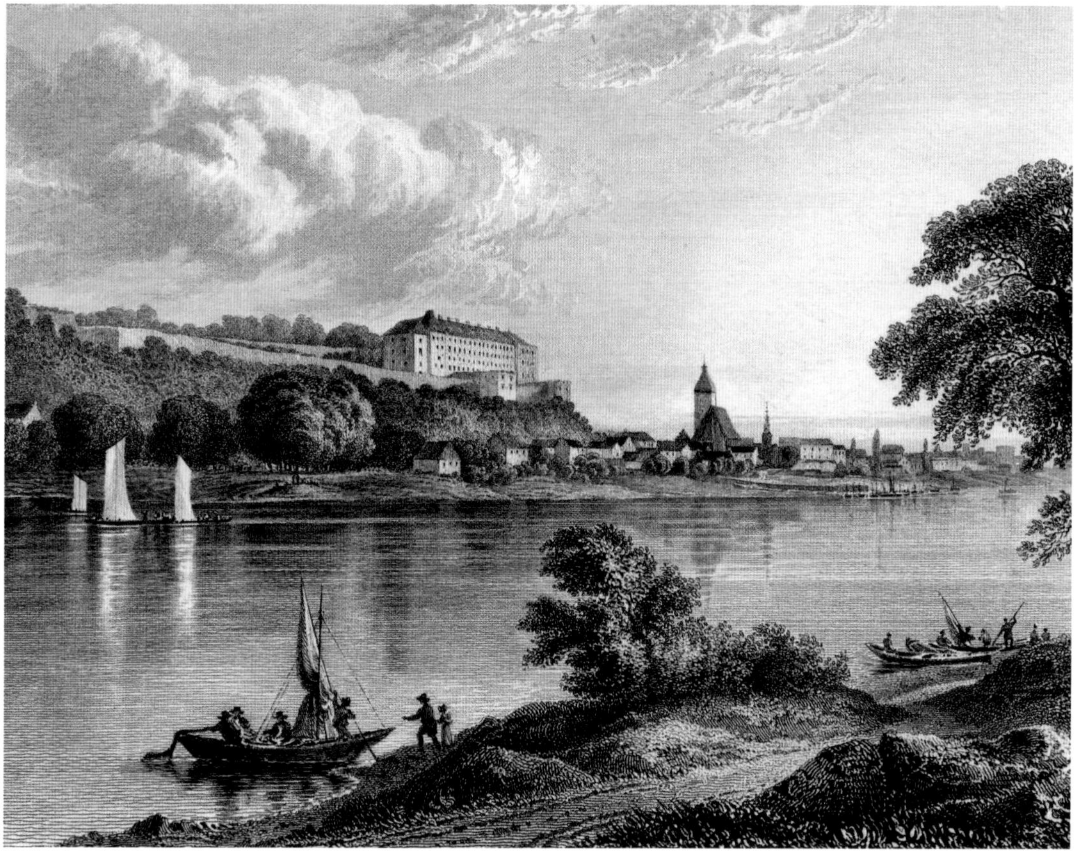

12
Captn. Robert Batty:
Schweizreisende im Boot bei Pirna (Ausschnitt), Mitte 19. Jhd., Stiftung Hasse

und die Zurüstungen die eine so weite Reise erfordert, drückten bedeutend auf mein ängstlich schlagendes Herz. Sorgsam spähten die Augen ob irgend eine Gewitterwolke sich zeige, und wendeten sich dann auf das stark bethaute Gras, das bey den ersten 20 Schritten schon die weißen Strümpfe unscheinbar gemacht hatte. Zu Lohmen angelangt, rasteten wir eine halbe Stunde, u. erquickten uns durch den Genuß der süßesten Milch [...] Die Aussicht von der vielgepriesenen Bastei zu beschreiben überlaße ich einer geübteren Feder, und sage nur daß die ‚schöne Höhe' ihren Namen einbüßen würde, wenn sie eine Vergleichung mit der Bastei zu unternehmen wagte." [17]
1831 ist auch der schwergewichtige Karl Immermann unterwegs auf dem Malerweg. In seinem Bericht singt er ein Loblied auf die Sesselträger, die ihn hinauf zum Winterberg tragen müssen. Im selben Jahr ist auch der junge dänische Dichter Hans Christian Andersen in Dresden und versäumt nicht die obligate Tour durch die Felsenwelt. Seine berühmte poetische Reiseschilderung zählt noch heute zu den schönsten Zeugnissen unserer Landschaft.[18]
1835 kommt der große englische Maler William Turner nach Dresden und begibt sich auf eine dreitägige Tour in die Sächsische Schweiz und füllt in großer Hast sein Skizzenbuch mit etwa 90 Zeichnungen. Eine englische Schriftstellerin, Mary Shelley, gibt nach ihrem Besuch von 1842 eine packende Naturschilderung u. a. des

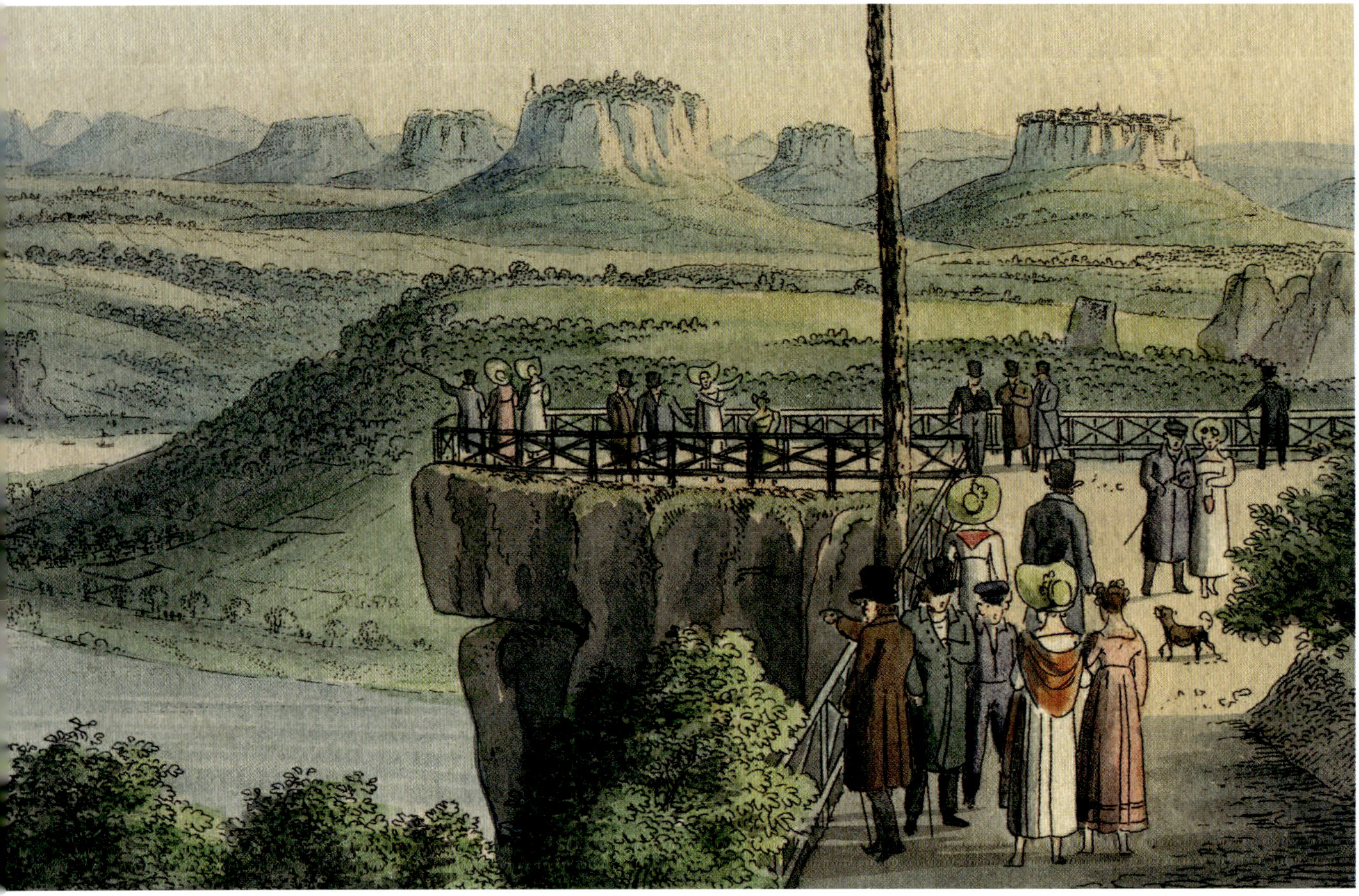

13
Anonym:
Der Aussichtsbalkon der Bastei mit dem alten Holzgeländer. Die Kleidung verrät, dass die Schweizreisenden Städter sind. (Ausschnitt), Anfang 19. Jhd., Stiftung Hasse

Uttewalder Grundes. Ein anderer Engländer, J. Strang, rühmt in seinem Deutschlandbuch das Malerische des Elbsandsteins.[19]

Auch wenn sich das Reiseverhalten mit der Eröffnung der Eisenbahn im Jahr 1851 völlig verändert und der Malerweg als Route in Vergessenheit gerät, treffen wir immer wieder berühmte Gäste im Elbsandsteingebirge, wie beispielsweise Theodor Fontane um 1866 oder Peter Rosegger, der 1870 einen schönen Text über Land und Leute verfasst. Am Ende der Reihe von Berühmtheiten, die mit Sicherheit nicht vollständig ist, sei Adolph Menzel genannt, der mindestens dreimal im Elbsandsteingebirge weilte (1864,1870,1880) und vor allem im böhmischen Herrnskretschen zeichnete.[20]

Wenn er auch aus ganz anderen Motiven erfolgte, so muss doch der Besuch des bekanntesten Mannes im Europa des frühen 19. Jahrhunderts in der Sächsischen Schweiz erwähnt werden: Napoleon. Vom 11. zum 12. und vom 18. bis 21. Sept. 1813 wohnt er in Pirna. Am 20. Juni 1813 besucht er die Festung Königstein und Krippen, ausgerechnet den Ort, in den sich Caspar David Friedrich wegen der Kriegswirren zurückgezogen hat.[21]

Anmerkungen zu den Einleitungstexten

1 15. Mai 1790: Elisa von der Recke schreibt in ihrem Tagebuch von einer Einladung des Grafen von Geßler zu einer Wandertour mit Christian Gottfried Körner-„Er hat um Dresden Felsengegenden aufgefunden, die bis jetzt noch unberührt waren und denen man den Namen der sächsischen Schweiz gegeben hat."

2 Sieben Kupferblätter und fünf Zeichnungen

3 Geschichte und Beschreibung des Chursächsischen Amts Hohnstein mit Lohmen, insbesondere der unter dieses Amt gehörigen Stadt Schnitz, von M. Wilhelm Lebrecht Götzinger, des Predigtamts Kandidat. Freyberg, bei Carl Craz. 1786, teilweiser Nachdruck SEBNITZ 1987

4 Conrad Geßner an seinen Vater- „Dresden. 26. Juli 1784: Gestern kamen wir von einer kleinen Lustreise nach Hohnstein zurück. Wir wallfahrten unsrer fünf Künstler dahin, nach der Natur zu zeichnen."

5 Von der Frau des Hohnsteiner Advokaten Häntzschel wird aus der ersten Hälfte des 19. Jahrhunderts berichtet: „Wenn die Postkutsche den Berg herauf kam, schickte die Frau Advokat ihre Magd auf den Markt, um zu erfahren, wer angekommen sei." Über Berg und Thal, 1928

6 A. Zingg: „Pechofen in der Nassen Schlüchte ohnweil vom Kuhstall". von Götzinger ausführlich beschrieben in GÖTZINGER 1804.
A. Zingg: „Sandsteine bei Königstein" Es handelt sich um die Felspartie am Kleinen Bärenstein, wo Götzinger seine erste Begegnung mit der Felsenwelt hatte.

7 Gessner, Salomon: Salomon Gessners Briefwechsel mit seinem Sohn. Bern/Zürich 1801. Der Briefwechsel Conrad Gessners mit seinem Vater ist eine interessante Quelle zu Zingg und seinem Schülerkreis.

8 Daniel Chodowiecki: Journal gehalten auf einer Lustreyse von Berlin nach Dresden. Anno 1789. Berlin 1961

9 Brief Friedrichs vom 31. 3. 1813 an den Leipziger Kunsthistoriker Dr. L. Puttrich, in dem er schreibt, dass er sich „wegen der Wirren" der Zeit in das kleine Fischerdorf Krippen zurückgezogen hat. Weiter ein Brief Friedrichs an Frederik Christian Sibbern vom 30. 5. 1813: „Ich lebe seit 14 Tage auf dem Lande Schandau gegenüber an der Elbe." in Herrmann Zschoche: Caspar David Friedrich, die Briefe, Hamburg 2005

10 Ludwig Rellstab: Aus meinem Leben. Berlin 1861

11 Max M. v. Weber: Carl Maria v. Weber. Ein Lebensbild, Leipzig 1864

12 Wilhelm Chezy: Erinnerungen aus meinem Leben. Schaffhausen 1863

13 August von Goethe, Tagebuch. 1830

14 Karl-Ludwig Hoch: Auf Caspar David Friedrichs Spuren durch die Sächsische Schweiz. Ein Reisebericht aus dem Jahre 1821; in Mitteilungen des Landesvereins Sächsischer Heimatschutz 2/1992

15 Klaus Haese: Blechens Zeichnungen von seiner Sachsenreise; in Carl Blechen, Grenzerfahrungen – Grenzüberschreitungen. Greifswald 2000

16 Bernd Heinrich: Johann Gottlob von Quandt in Dittersbach: in Johann Gottlob von Quandt, 2002

17 Nach Informationen von Bernd Heinrich aus dem „Dittersbacher Kurier"

18 Hans Christian Andersen: Reise nach Dresden und in die Sächsische Schweiz.
Fotografien von Frank Richter, Husum 2006

19 Cecilia Powell: Norddeutschland, die Elbe und Prag; in Turner in Deutschland, München 2000

20 Tobias Burg: Adolph Menzel im Elbsandsteingebirge, in Dresdner Kunstblätter 1/2006

21 Klaus Kroitsch: Napoleonschanzen und Kanonenkugeln. Schriftenreihe des Stadtmuseums Pirna 6/1987

Der praktische Reiseführer des Pastors Carl Heinrich Nicolai wird schnell bekannt und lockt die Besucher in Scharen in die wilden Gründe. Nicolai hat die Hauptpunkte markiert. Nur das Prebischtor fehlt noch in der ersten Auflage. 1806 ist die Lücke geschlossen. Nachfolgende Autoren berufen sich zwar auf ihn, gehen aber oft auch eigene Wege. So ergibt sich kein homogenes Bild der Hauptroute durch die Sächsische Schweiz, die viel später erst Malerweg oder genauer „Malerstraße" genannt werden sollte. Mit all ihren Varianten und Abweichungen widerspiegelt diese Route den Charakter und die Vielseitigkeit des Elbsandsteingebirges. Bei aller Widersprüchlichkeit kann man heute feststellen, dass sie sich schnell durchgesetzt hat.
Der Zustrom der „Schweizreisenden" fordert laufend Verbesserungen: Den Bau eines neuen Aufstiegs zur Bastei (Vogeltelle, 1817) oder die Anlage der Steinbrücke zum Hockstein (1821). Der Liebethaler Grund war erst seit 1841 durchgängig begehbar. Bis dahin war bei der „Rabenteufe" kein Platz für einen Weg und man musste den Umweg über Liebethal nehmen, um zur Lochmühle zu gelangen.
Besonders unbefriedigend war viele Jahre die Situation am Neurathen, dem berühmten Felsentor bei der Bastei. Ein luftiger Balkensteg, der viel Mut erforderte und bald morsch wurde, überbrückte seit 1821 die tiefe Kluft wenigstens bis zur Steinschleuder, wie auf dem Kupferstich Ludwig Richters deutlich zu sehen ist. Eine hölzerne Brücke von 1826 brachte mehr Sicherheit und endlich die Verbindung zum Basteiweg. Erst der Bau der steinernen Basteibrücke 1850/51 war die Ideallösung.

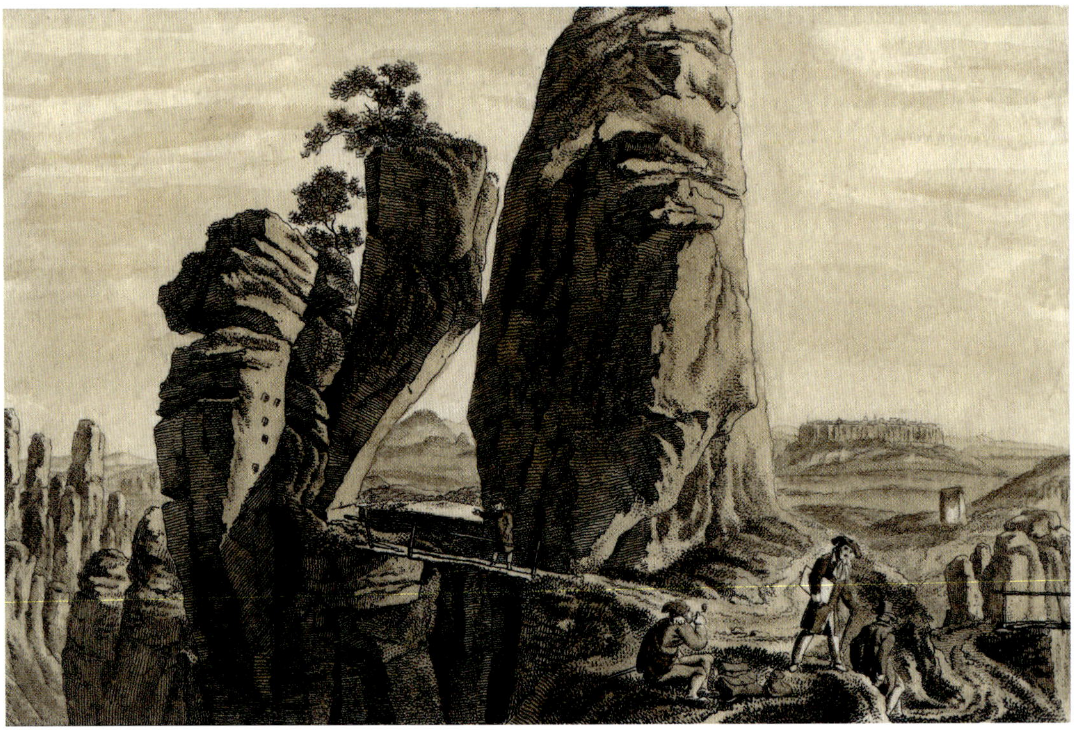

14
Ludwig Richter:
Das Neurathener Felsentor. Deutlich sind die bescheidenen Brückenstege zu erkennen, die einigen Mut erforderten, 1823, Stiftung Hasse

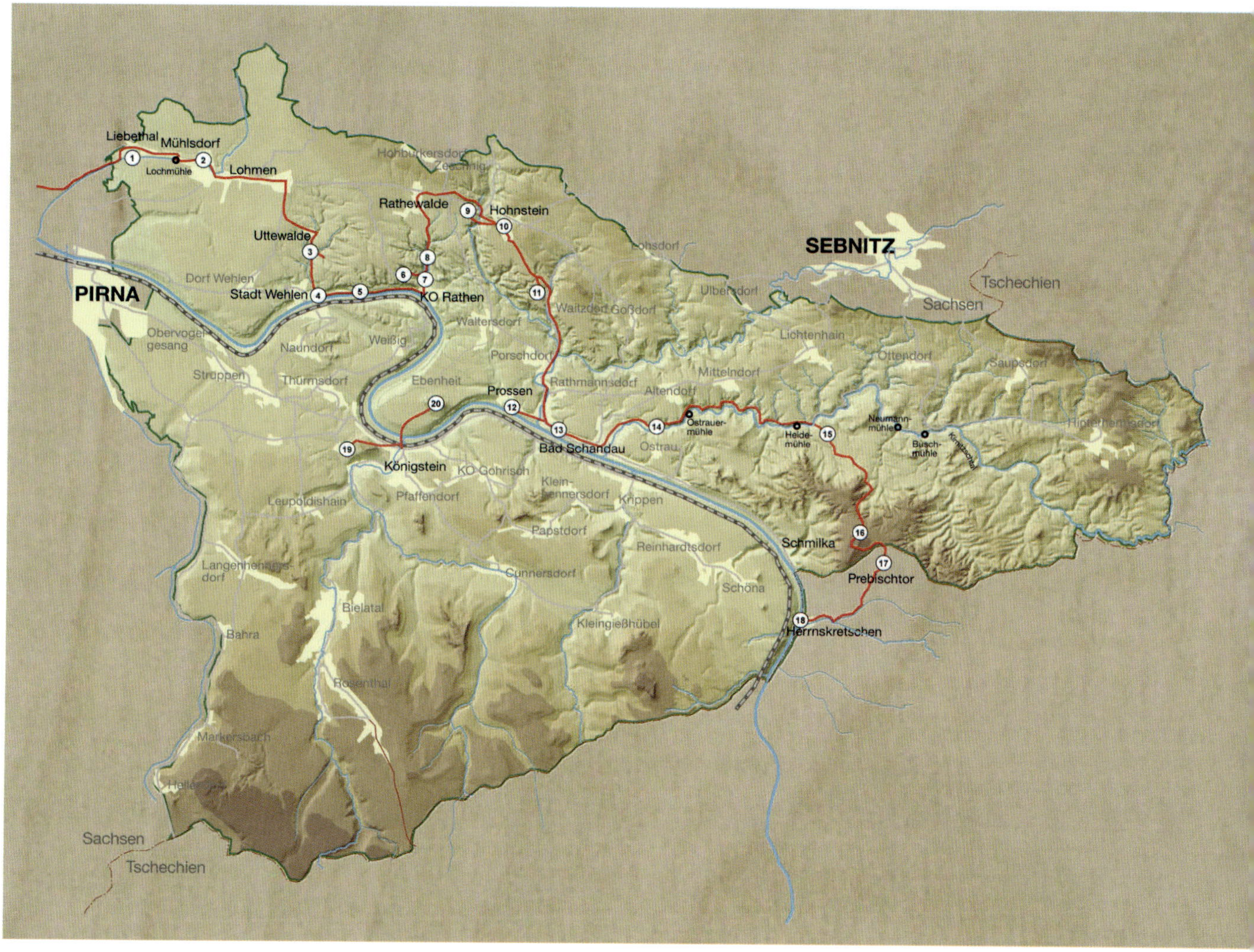

Route und markante Punkte des historischen Malerweges

1 Liebethaler Grund: Steinbrüche, Fluss, Wasserfall, Lochmühle // **2 Lohmen:** Wesenitzbrücke bei Mühlsdorf, Schloss, Kirche, Lohmener Klamm // **3 Uttewalder Grund:** Felsentor, Talgrundmotive, Schlucht // **4 Wehlen:** Stadt, Burgruine, Elbtalblicke // **5 Elbtal:** Liliensteinblicke, Basteiwände // **6 Bastei:** Grandiose Aussicht, Brücke, Felsen // **7 Rathen:** Rabenkessel, Kleine Gans, Talwächter, Vogeltelle // **8 Amselgrund:** Amselhöhle, Künstlicher Wasserfall // **9 Hockstein:** Aussicht, Wolfsschlucht, Polenztal // **10 Hohnstein:** Stadt, Burg, Bärengarten, Schindergraben // **11 Brand:** Aussicht, Tiefer Grund // **12 Prossen:** Elbblicke, Liliensteinblick // **13 Schandau:** Stadtansichten, Elbtal // **14 Kirnitzschtal:** das Tal, Mühlen, künstliche Wasserfälle // **15 Kuhstall:** Große Höhle, Kuhstallblicke // **16 Großer Winterberg:** Walderlebnis, Bergkuppe, Blicke ins Elbtal // **17 Prebischtor:** Felsentor, Prebischkegel, Kanapee // **18 Herrnskretschen:** Kamnitztal, Dürrkamnitztal, Elbtalblicke // **19 Königstein:** Stadt, Festung Königstein, Aussichten // **20 Lilienstein:** Tafelbergerlebnis, Aussichten

Bilder und zeitgenössische Zitate zum Malerweg

Die frühen Reisebeschreibungen der Sächsischen Schweiz geben ein anschauliches Bild vom Erstaunen und Entzücken, vom unerwarteten Entdecken, plötzlich einer phänomenalen Landschaft wie der Felsenwelt des Elbsandsteins gegenüberzustehen. Und das ist noch heute das Überraschende: Die Landschaft hat trotz aller Veränderungen nichts von ihrer Faszination auf die Menschen eingebüßt. Wir zeichnen mit den rund 200 Jahre alten Zitaten und einer Auswahl von Bildern aus dieser Zeit die Linien der Landschaft nach. Jeweils vor den Zitaten der einzelnen Abschnitte steht eine kurze Charakteristik der Stelle, um die Verbindung zum Heute und zum Jetzt zu schaffen. Es wurde weitgehend die originale Rechtschreibung beibehalten.

Wilhelm Lebrecht Götzinger (1804)

Man mag sich, fast wo man will, auf einem hohen Berge befinden, so sieht man beinahe um den ganzen Horizont herum eine große und reizende Landschaft vor sich liegen, daß man das Auge nicht wieder wegwenden will, und fast nicht weiß, welche Seite man zuerst bewundern soll. Überall erblickt man gleichsam im Vordergrunde fruchtbare Felder, bunte Wiesen, oder lange und grüne Thäler, durch die sich zwischen hohen Felsenwänden ein Bach hinschlängelt und ansehnliche Dörfer vor sich, mit welchen die hin und her zerstreuten Gehölze ein angenehmes Gemische bilden. Eine lange schwarze Reihe von Waldungen, unter denen sich hier und da eine wunderbare Felsfigur sehen läßt, zieht sich in der Mitte herab, bis sie an offenen Feldern ihren Ausgang findet und dem Zuschauer eine neue Aussicht öffnet. Verläßt man die Höhe und steigt in die Thäler hinab, so wird das Herz durch eine neue Veränderung zur Bewunderung des Schöpfers erhoben.

Doch ich fühle mich zu schwach, dieses alles lebhaft zu schildern. Diese reizende Gegend will nicht beschrieben, sondern gesehen seyn. Man mache sich gefaßt [...] von nun an eine ununterbrochene Reihe von Naturschönheiten und Seltenheiten zu sehen, welche an Größe, Schönheit und Umfang

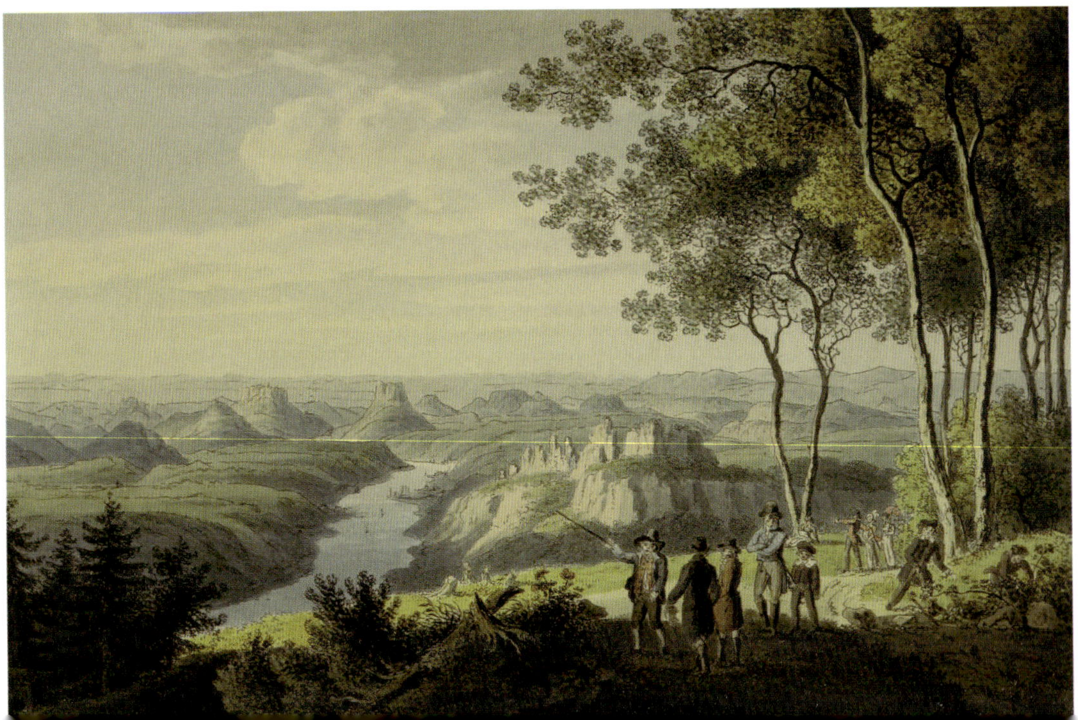

15
Anonym:
Blick vom Großen Winterberg auf die Sächsische Schweiz, Anfang 19. Jhd., Privatbesitz

immer mehr zunehmen je weiter man kommt. [...] Das Auge wird mehrere Tage lang eine Weide haben, welche für Geist und Herz die schönste Nahrung gibt.

Johann Jakob Brückner (1802)

Es ist sonderbar, daß diese schönen Gegenden, die gewiß nicht erst seit Jahrzehnten entstanden sind, bis jetzt gleichsam im Verborgenen gelegen haben. [...] Ausländer haben sich gar nicht um sie bekümmert und kaum haben Sachsens eigene Bewohner sie ihrer Aufmerksamkeit gewürdigt.

Carl Merkel (1826)

Ich habe auf meinen früheren Reisen durch das südliche Deutschland, die Schweiz, Salzburg, Oesterreich und Schlesien sehr viel schönes dieser Art gesehen, doch solch herrlichen Felsengruppen sind mir dort nirgends aufgestoßen.

Wilhelm Lebrecht Götzinger (1812)

Die Künstler versicherten, daß keine [Gegend] sie mehr in Verlegenheit setze, als diese, indem 100 oder 200 Schritt weiter eine andere und immer schönere Zusammenstellung sich bilde und sie daher oft nicht wüßten, welchen Standpunkt sie wählen sollten, um die Ansicht von der besten Seite auf das Papier zu zeichnen.

Carl von Voß (1822)

Zum Abschluß der Schilderung unserer kleinen Reise muß ich noch eilig der nicht genug zu lobenden Sorgfalt gedenken, die man in der Sächsischen Schweiz auf die Wege und auf die Bequemlichkeit der Reisenden verwendet. Die Fußsteige sind überall glatt geebnet, an feuchten Stellen mit kleinen Knüppeldämmen erhöht, an gefährlichen Stellen stets durch Geländer gesichert und bei starken Steigungen durch Treppen und Stufen so bequem als möglich gemacht, so daß man sich oft im Parke eines Fürsten und nicht in einer wilden Gebirgsgegend zu befinden glaubt.

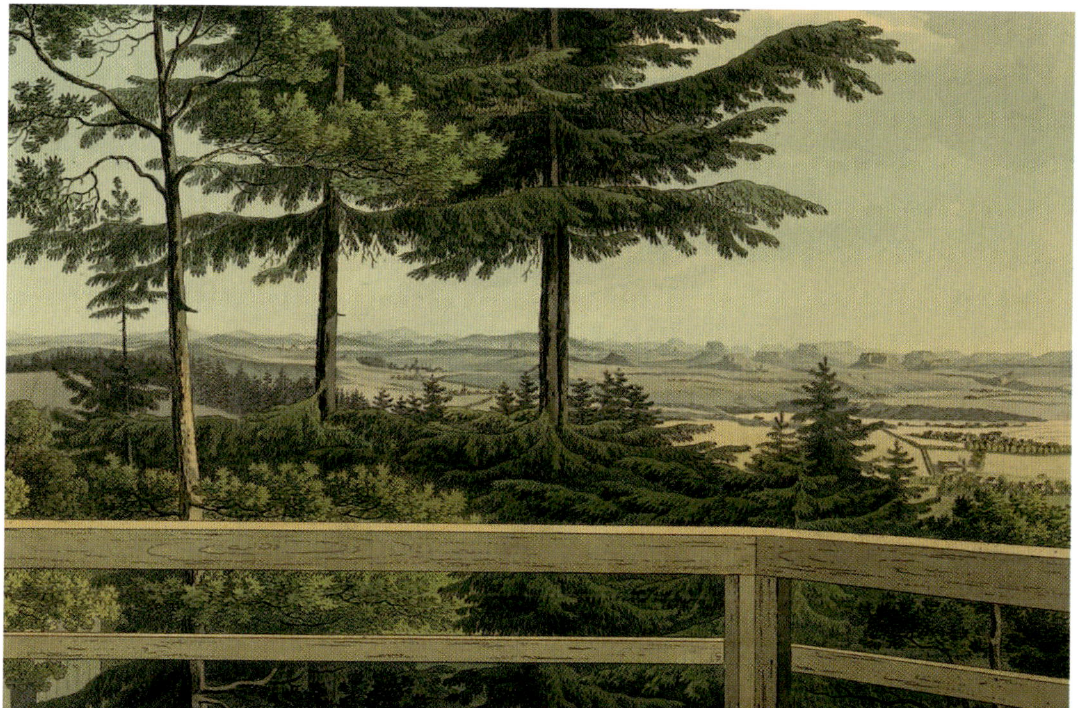

16
Traugott Faber (?): Blick vom Borsberg auf die Sächsische Schweiz (Ausschnitt), Anfang 19. Jhd., Privatbesitz

1
Liebethaler Grund

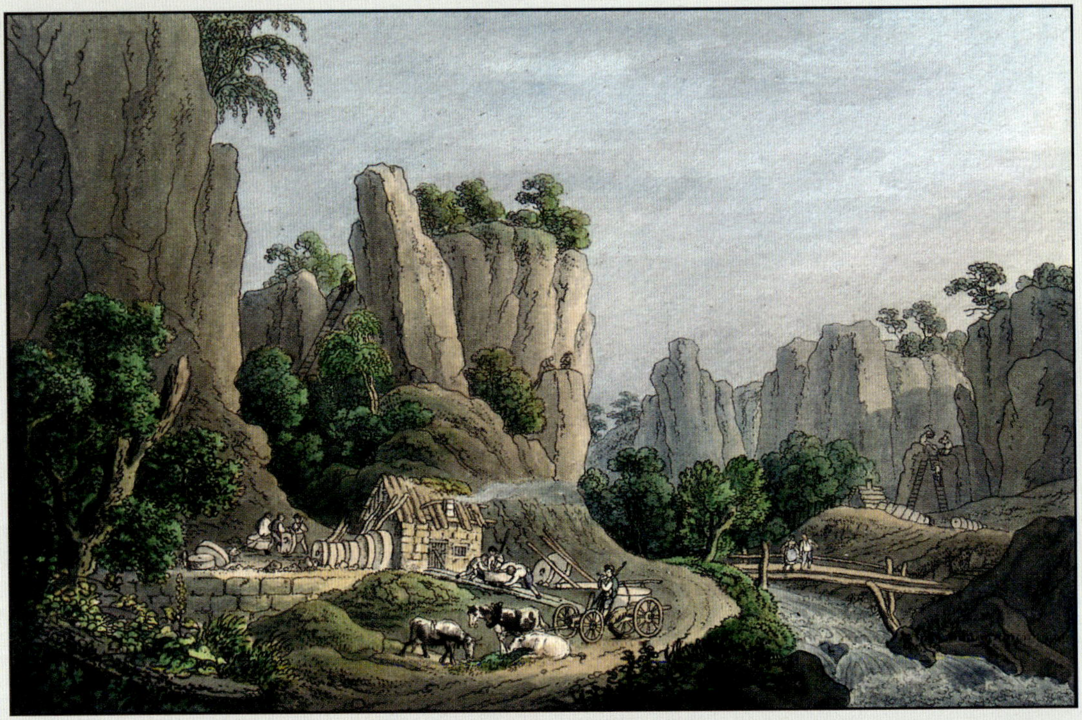

17 Carl August Richter: Steinbrüche im Liebethaler Grund, Anfang 19. Jhd., Stiftung Hasse

Die wasserreiche Wesenitz entspringt im Hohwald und mündet nach 83 km in die Elbe. Bei Dittersbach tritt sie in den Sandstein ein, durchfließt die Lohmener Klamm und bildet zwischen Lohmen und Jessen den für den Malerweg interessanten Abschnitt. Dort, wo der Fluss den Sandstein verlässt, befanden sich die ältesten Steinbrüche der Sächsischen Schweiz. In Jahrhunderten wurde das Tal in diesem Abschnitt völlig verändert. Alte Ansichten vermitteln ein Bild, wie wir es uns heute kaum noch vorstellen können. Das Wesenitztal war lange Zeit das Eingangstor zur Sächsischen Schweiz. Die unerwartete Begegnung mit den engen hohen Sandsteinwänden war dramaturgisch kaum zu überbieten. Als Höhepunkt dieses Abschnittes galt das Wegstück zwischen Rabenteufe und Lochmühle. An keiner Stelle in der Sächsischen Schweiz rauscht ein Wildbach so stark wie an der alten Mühle. Eine große Flut am 14. Juni 1804 richtete verheerende Verwüstungen im Tal an. Selbst mächtige Felsblöcke wurden aus ihrer Lage gerissen. Wohl deshalb scheinen uns die frühen Darstellungen etwas übertrieben, was sie in diesem Maße offensichtlich nicht sind.

Carl von Voß (1822)

Oberhalb derselben [der Grundmühle] fangen die berühmten Liebethaler Steinbrüche an, in welchen jährlich mehrere hundert große Mühlsteine und Steinblöcke mit eisernen Keilen abgesprengt, behauen und dann ans Ufer der Elbe geschafft werden. Ihre Ansicht ist nicht so malerisch als sie in den Beschreibungen dieser Gegend geschildert wird, weshalb meine Erwartungen überhaupt etwas herabgespannt wurden.

Je weiter wir das Thal hinauf wanderten, desto mehr entwickelten sich dessen Schönheiten und stiegen nun über alle meine Vorstellungen hinaus. Die Wesenitz, ein kleines, jetzt aber sehr wasserreiches Flüßchen, hat sich zwischen Lohmen und der Grundmühle ein tiefes Felsenbette gewühlt, daß es an verschiedenen Stellen so ganz ausfüllt, daß man an ihm nicht entlanggehen kann, sondern sein hohes Felsufer hinabklettern muß, um es zu erreichen. Beide Ufer sind so steil, daß sie oben nur wenig weiter auseinander stehen als unten. Wenn man sich oben diesem Grunde nähert, so bemerkt man zunächst nur einen schmalen Waldstreifen, den man für das Ufergebüsch eines kleinen Feldbaches hält, bis man plötzlich am Rande des Abgrunds in diesen hinabblickt und da, wo die Baumwipfel es verstatten, die Wesenitz zwischen Felsentrümmern hinbrausen sieht.

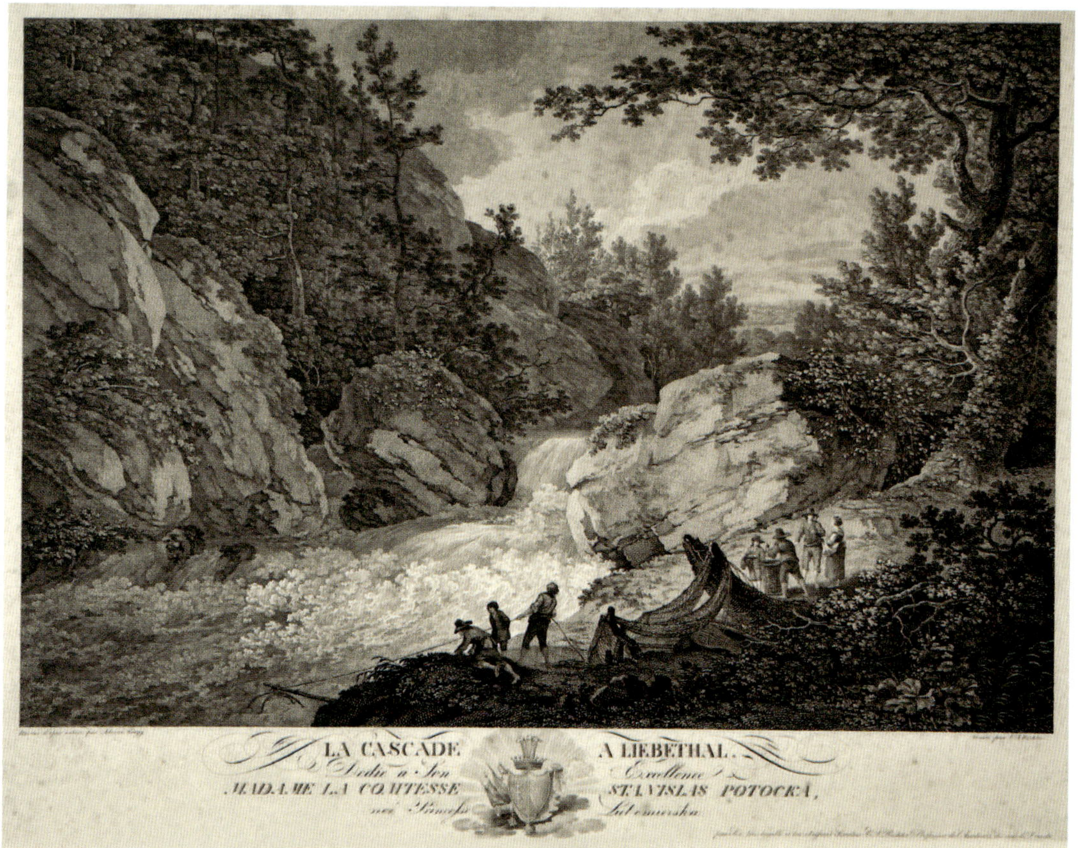

18
Carl August Richter nach Adrian Zingg:
Kaskade im Liebethaler Grund (seitenverkehrter Kupferstich nach der Zeichnung von Zingg), um 1800, Privatbesitz

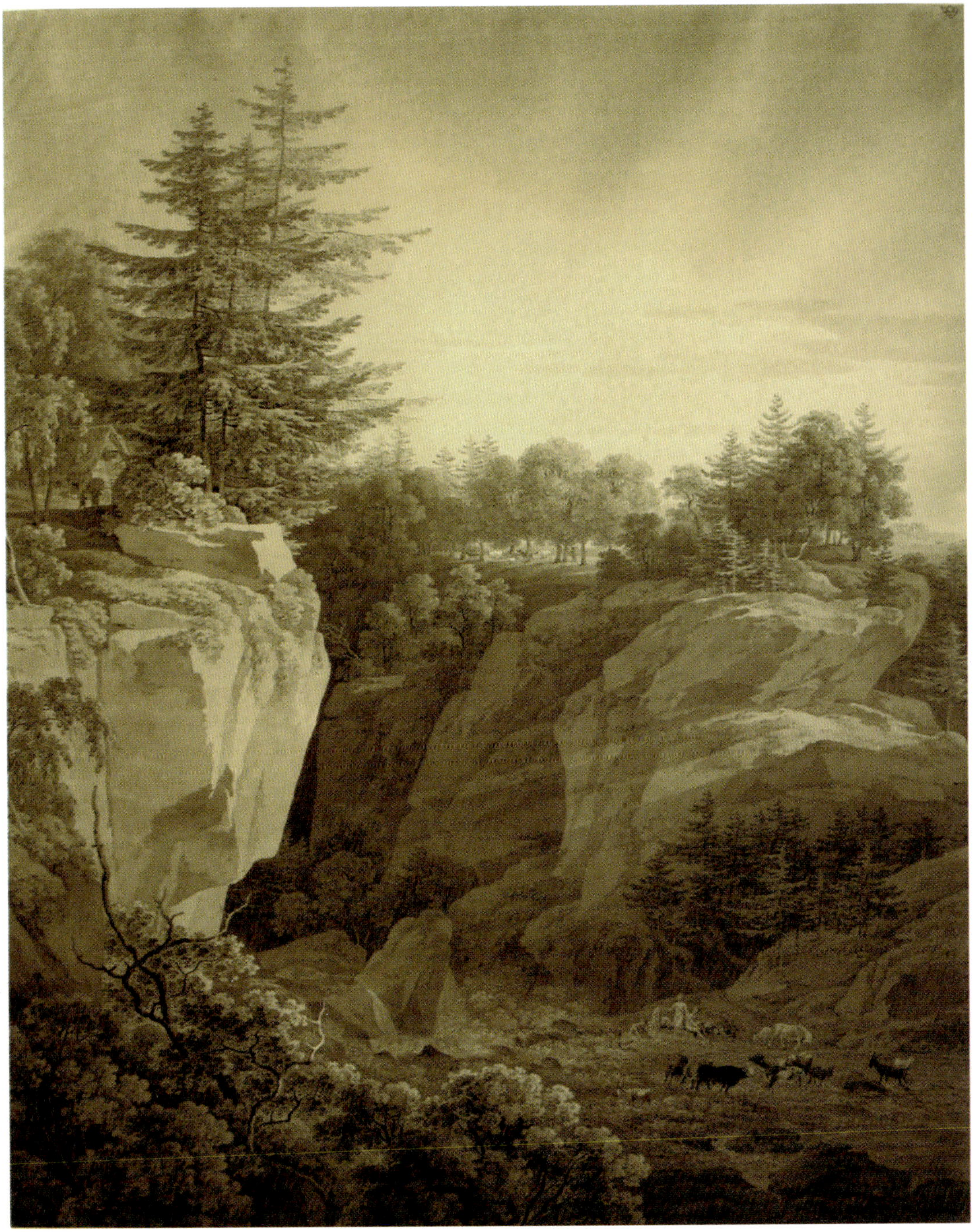

19
Adrian Zingg:
Liebethaler Grund mit Badenden, um 1800, SKD, Kupferstichkabinett

Elisa von der Recke (1790)

Kaum ein Maler vermag die reizenden Baum-, Wasser- und Felspartien darzustellen, meine Feder ist zu schwach, die schauerliche Anmut um Liebethal zu beschreiben, doch meiner warteten noch schauerliche Gegenden, und so mußte ich mich vom rauschenden Wasserstrome der einsamen Mühle losreißen.

Julius Hofmann (1842)

Im Jahr 1804, d. 14. Juni, trat nach einem dreitägigen starken Regen die Wesenitz aus ihren Ufern, richtete große Verheerungen an, indem die empörte Flut außerordentliche Steinblöcke mit sich fortriß; spülte Halden, die wohl Jahrhunderte gelegen hatten, weg, und versandete über 100 Mühlsteine; kurz, der Grund bekam dadurch fast ein ganz anderes Ansehen. Erst im Sommer des Jahres 1811 ist der zum Teil gänzlich unzugängliche Weg bis zur Lochmühle bequem wieder hergestellt worden.

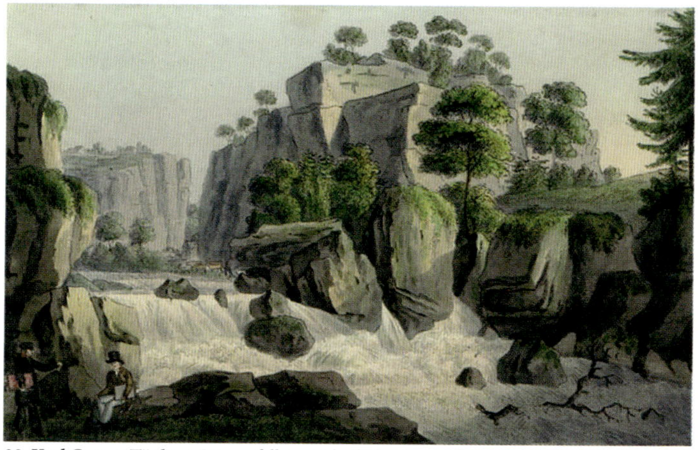

20 Karl Gregor Täubert: Wasserfall im Liebethaler Grund, um 1825, Privatbesitz

21 Christian Friedr. Sprinck: Im Liebethaler Grund, Anfang 19. Jhd., Stiftung Hasse

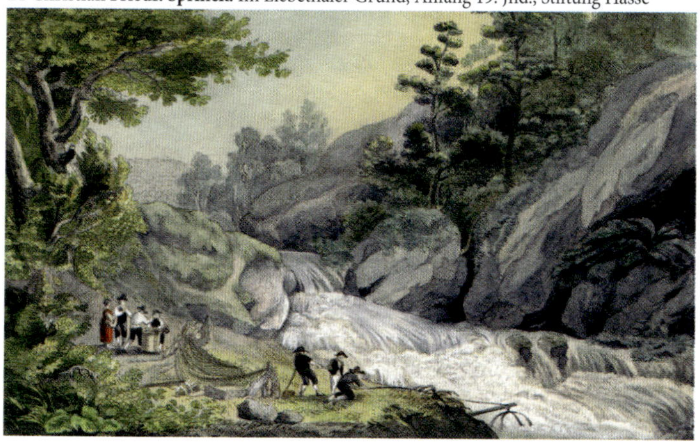

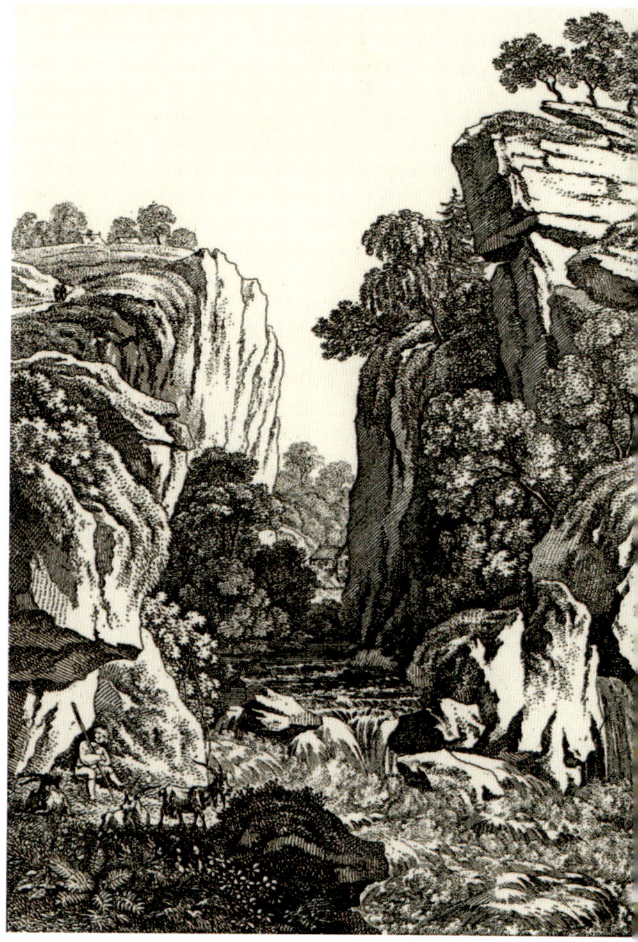

22
Ludwig Richter: Der Wasserfall im Liebethaler Grund unter der Lochmühle, 1821, Stiftung Hasse

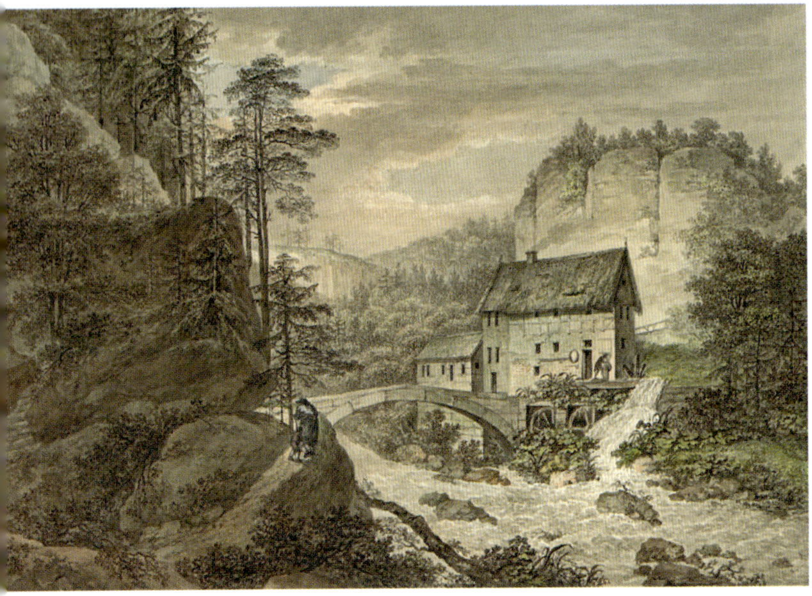

23 Johann Ludwig Friedrich Oeser:
Die Lochmühle im Liebethaler Grund, um 1792, Wien Albertina

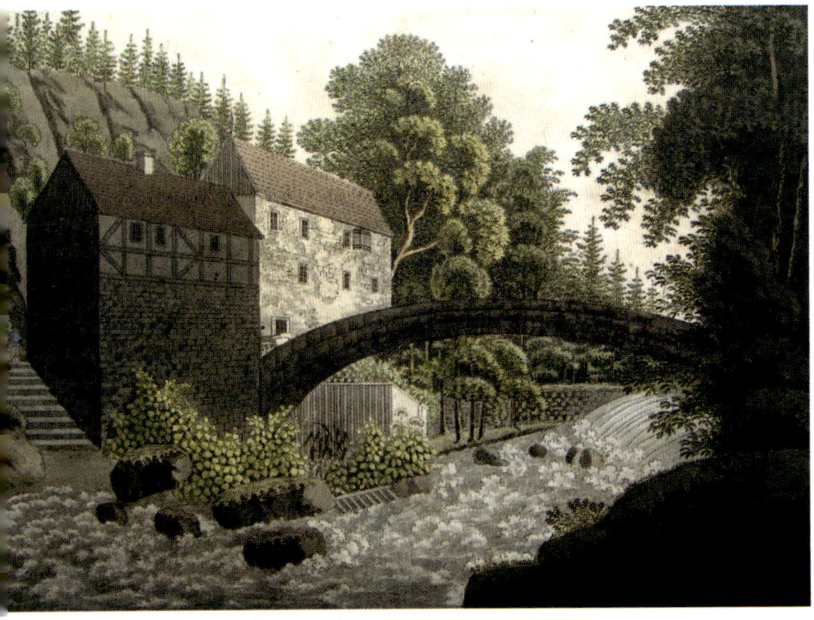

24 Franz Stadler:
Die Lochmühle im Liebethaler Grund, um 1800, Stiftung Hasse

Elisa von der Recke (1790)

Die Lochmühle – „Will man einen wahren fürchterlich schönen Anblick haben, so muß man durch die Mühle gehen, aus welcher man auf eine schmale steinerne Brücke von einem Bogen tritt.

Carl von Voß (1822)

Zu dieser [der Lochmühle] stiegen wir auf einem steilen Pfade hinab, gingen über eine kühne, steinerne Brücke, ruhten eine Viertelstunde auf einer Bank am Felsen in wilder und abgeschlossener Umgebung und erstiegen dann die jenseitige Felsenwand des Thales auf einer Treppe von 162 Stufen, welche ein früherer Eigenthümer der Lochmühle aus schönen, bequemen Sandsteinen hat ausführen lassen.

Carl Heinrich Nicolai (1801)

Schon die Lage der Mühle und der Anblick der schroffen Felsen, zwischen welchen sie eingeklemmt liegt, ist überraschend. Wer nun durch die Mühle geht und auf die schmale Brücke tritt, die über die Wesenitz führt, der wird erst recht überrascht. Zur Rechten die Einsicht in den fürchterlich schönen Grund und zur Linken das Rauschen der Wesenitz, die hier über große Felsenstücke daherschäumt, verbunden mit dem Brausen des Mühlschutzes macht gewöhnlich einen solchen Eindruck auf den Menschen, daß er sich von dieser Stelle nicht so leicht wieder reißen kann. Und wer einmal hiergewesen ist, geht gewiß gern wieder her, um den angenehmen Eindruck oft zu erneuern.

Ysop Lafleur (1798)

Ein Wehr an der Mühle, das so abscheulich spektakelt, daß man nicht sein eigenes Wort hören kann, geschweige denn eines anderen Menschen seins [...] Auch kommen fast nur lauter Leute von weniger Extraktion hierher, um das anzusehen. Allenfalls Maler, Poeten und Musikanten (und dazu solche, die nicht einmal Geigen bei sich haben).

2 Lohmen

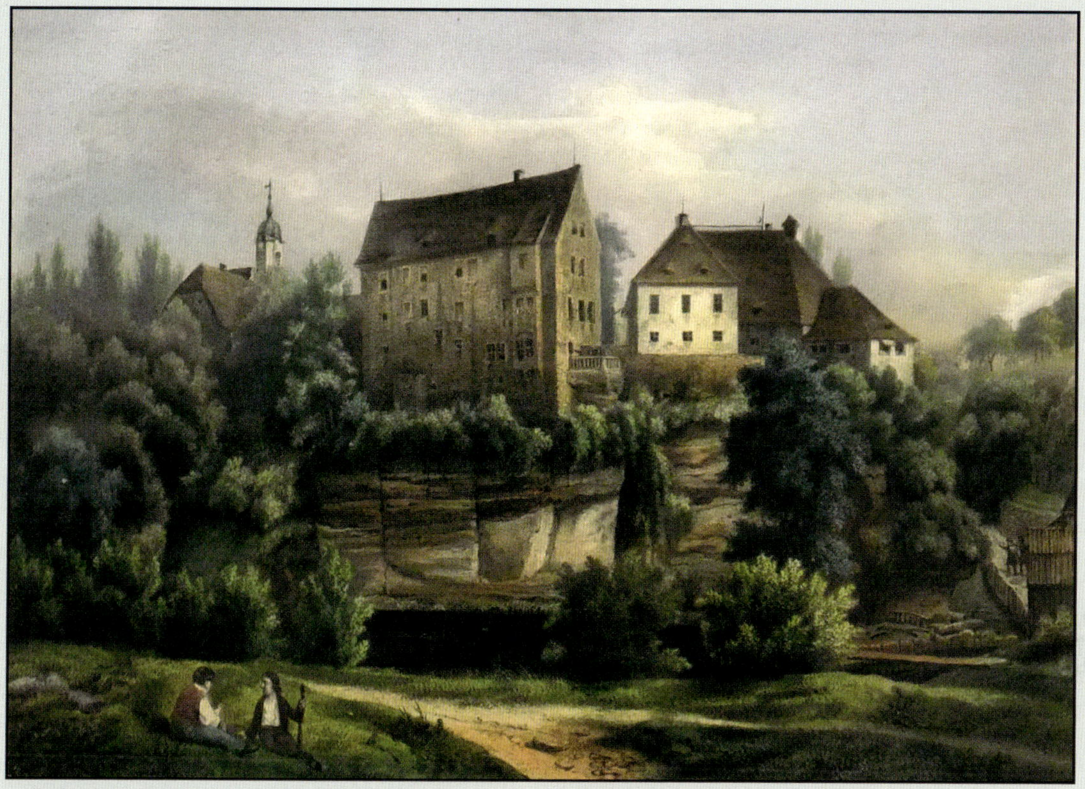

25 Ludwig Eduard Lütke: Lohmen, Blick zu Schloss und Kirche, um 1835, Privatbesitz

Um 1800 galt Lohmen (mit dem Liebethaler Grund) als Eingangstor zur Sächsischen Schweiz. Hier wirkte der verdienstvolle Pastor Carl Heinrich Nicolai, der den ersten Wanderführer des Gebietes verfasste, von 1797 bis 1822 als Pfarrer. Um 1835, als der Fremdenverkehr bereits in hoher Blüte stand, versammelten sich tagtäglich vor dem Erbgericht die Schweizführer und warteten auf ihre Gäste. Schloss, Kirche, Kammergut und viele landschaftliche Besonderheiten boten genügend Zerstreuung, wenn die Schweizreisenden des Malerweges üblicherweise hier übernachteten.

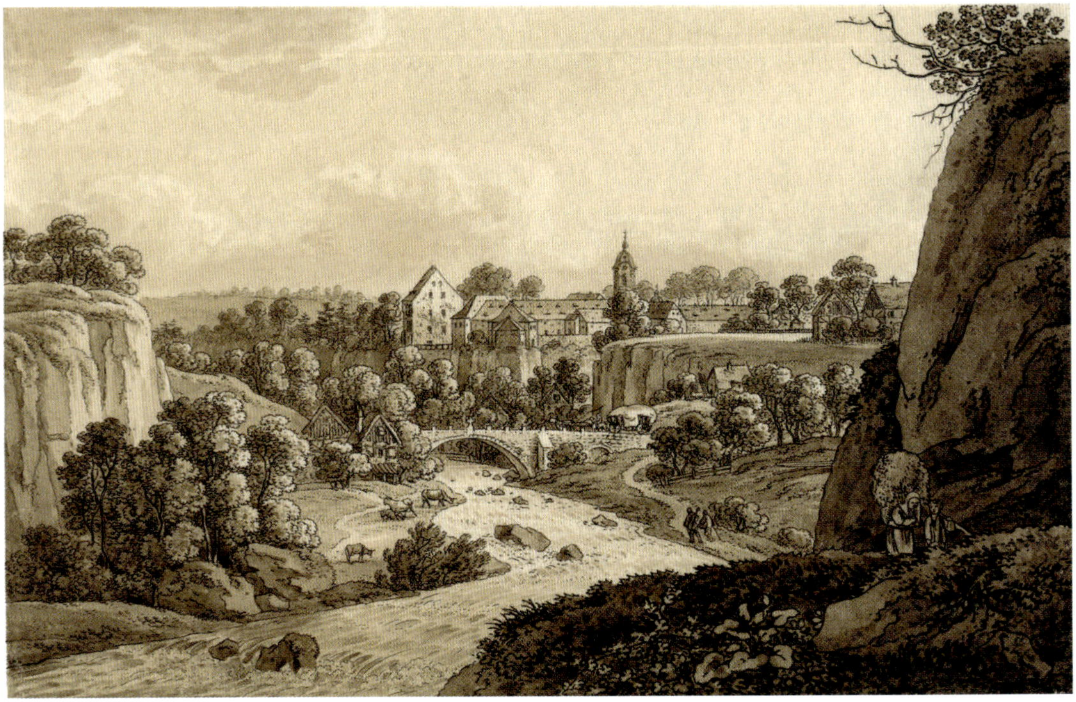

26
Adrian Zingg:
Lohmen, Blick zu Schloss, Kirche und der Wesenitzbrücke mit dem steinernen Brückenkreuz, um 1800, Stiftung Hasse

Hans Christian Andersen (1831)

Bei Mühlsdorf stiegen wir ins Tal hinab, überschritten die Wesenitz auf einer Brücke und befanden uns in dem Flecken Lohmen. Dieser ist früher eine kleine Stadt gewesen und hat noch manche städtische Gerechtsame; das Schloß erhebt sich auf einem hervorragenden Felsen, hoch über dem Fluß; beide Hauptgebäude desselben sind durch einen Altan verbunden, der auf einer Felsspitze angelegt ist, von der man eine herrliche Aussicht auf die romantische Umgebung genießt.

Friedrich Renner (1802)

Ein gemächlicher Weg führte mich in den anfänglich niedrigen Lohmener Grund, die Fortsetzung des Liebthalers, der hier erst seinen Namen verdient. Ich durchstrich ihn, die rechts nach Lohmen führende ihn quer durchschneidende Straße vermeidend. Die Pause, durch welche die Natur die beiden Gründe getrennt, ist für den bergauf und bergab gejagten Wanderer, der durch die Menge der sich ihm darbietenden Objekte überladen, den Faden anfängt zu verlieren, wohltätig. Schon unten im Tal hemmte das dieses Dorf beherrschende Schloß meinen Schritt.

Carl Heinrich Nicolai (1801)

Durch Lohmen kann wohl nicht leicht jemand gehen, daß nicht auch die ganz massiv von den in den hiesigen Gründen gebrochenen und glatt geflächten Sandsteinen ganz neu gebaute Kirche seine Aufmerksamkeit auf sich ziehen sollte. Und wer durch die prunklose, wesentliche Schönheit der Außenseite gereizt worden ist, auch die innere Einrichtung dieses Gebäudes zu betrachten, hat bisher noch immer gestanden, daß man unter der Menge von Landkirchen schwerlich ihresgleichen wo antreffen werde.

Hans Christian Andersen (1831)

Im Wirtshause [Das Lohmener Erbgericht] – In der Gaststube saßen zwei Frauenzimmer, welche die Harfe spielten und dazu sangen; sie griffen, wie ein Südwind, in die Saiten und sangen mit etwas kreischender Stimme: „Herz, mein Herz, warum so traurig?“, so daß uns ganz „traurig“ dabei zumute ward. Bald dampfte das Abendessen vor uns. Dann begaben wir uns zur Ruhe. Aber Natur und Kunst hatten mir hier einen Geniestreich gespielt; die erste hatte mich zu lang geschaffen, die letztere hingegen das Bett zu kurz. Aus Verzweiflung ging ich in die große Gaststube hinunter; rund umher auf Strohlagern schlummerten Leute mit dichten, schwarzen Bärten; ein häßlicher, schwarzer Bullenbeißer, der wie ein abgenutzter Reisekoffer aussah, stürzte mir mit einem heulenden Kriegsgeschrei entgegen.

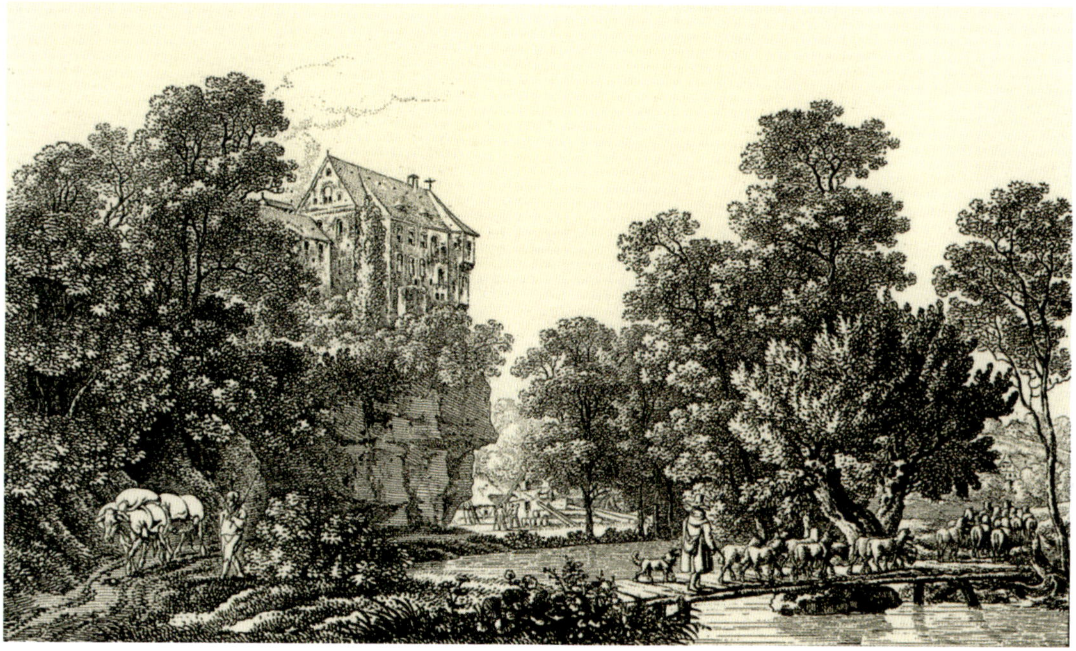

27 Ludwig Richter:
Lohmen, Blick aus dem Wesenitztal zum Schloss, 1821, Stiftung Hasse

Carl Heinrich Nicolai (1801)

Man geht an der Wesenitz hin. Hier sieht man nun über sich das alte Schloß, das höchstwahrscheinlich die Herren von Chlumen oder Clomen zuerst erbaut haben und von dem der ganze Ort unfehlbar noch seinen Namen hat, oben am Rande des Felsens stehen. Recht verwegen scheint es dahin gesetzt zu sein. Kaum kann man sich der Furcht vor dem Einsturz desselben erwehren, wenn man darunter weg geht.

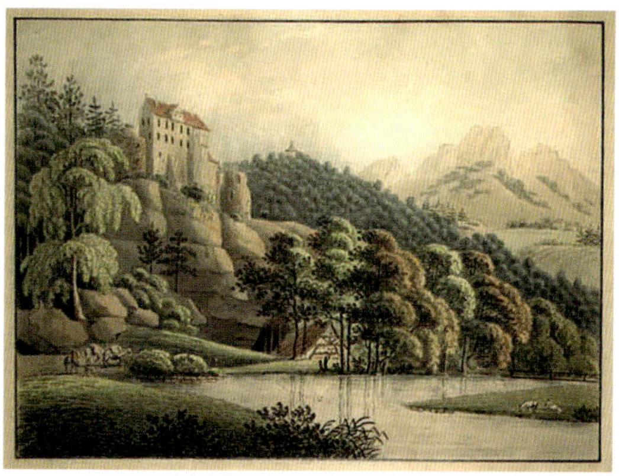

28 Anonym:
Lohmen, Blick aus dem Wesenitztal zum Schloss, um 1820, Privatbesitz

3
Uttewalder Grund

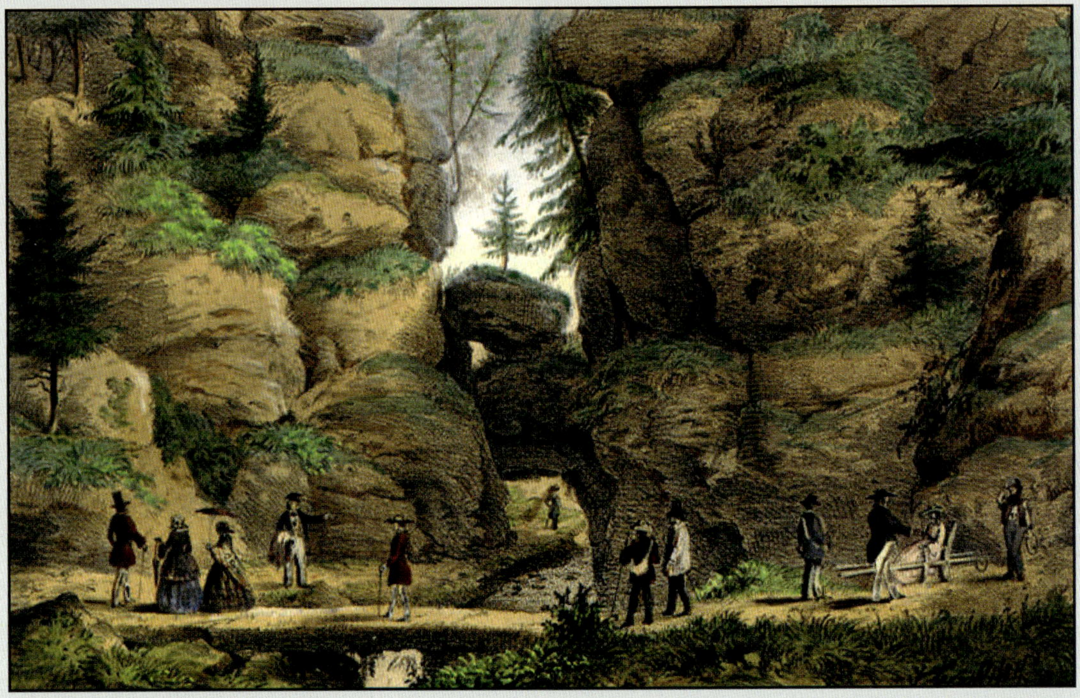

29 Anonym: Schweizreisende am Uttewalder Felsentor, Mitte 19. Jhd., Stiftung Hasse

Der unvermittelte und steile Abstieg von Uttewalde hinunter in den gleichnamigen Grund auf den schmalen Sandsteinstufen überraschte und beeindruckte alle Schweizreisenden, die so etwas noch nie erlebt hatten. Noch stärker war die Wirkung des Felsentores. Hier wandelte sich das „Entsetzen zum Entzücken“, so hat es der Friedrichforscher Karl Ludwig Hoch beschrieben. Bis heute haben die „schauerlichen“ Gründe, einschließlich der Seitengründe (Zscherre-Höll- und Reingrund), die sich bis hinunter nach Wehlen an der Elbe, bzw. hinauf zur Bastei ziehen, nichts von ihrer Wirkung auf naturverbundene Besucher eingebüßt.

Mary Shelley (1841)

Im allgemeinen scheinen die Berge sich über die Ebenen, wo die Menschen wohnen, zu erheben (wie es ja auch ist) und ihre mächtigen Häupter zum Himmel emporzustrecken. In Sachsen will es scheinen, als wären die Gipfel der Berge die äußere Peripherie der Erdkugel, durch die Kräfte des Wassers seltsam gespalten und abgetragen. [...] Während wir unseren Weg durch den engen Hohlweg gingen, stiegen die Felsen rechts wie links lotrecht empor und schlossen uns mit Wänden ein. [...] Die Klippen sind in tausend phantastische Gebilde gebrochen und zu zahllosen schroffen Säulen, Pfeilern und Gipfeln geformt, mit riesigen Höhlen, mächtigen Portalen und hochragenden Bogengängen; das Ganze mit Kiefern bedeckt, mit üppig wachsenden Büschen aller Art begrünt. Der Bach plätschert murmelnd in seinem felsigen Bett dahin. Der Pfad schlängelt sich an ihm entlang und steigt dabei über die Felsen auf und ab. [...] Verschiedene Hohlwege zweigen vom Hauptweg ab und werden zahlreich und verwickelt, vielgestaltig durch riesige, seltsam geformte Höhlen, manche zum Himmel geöffnet, manche dunkel und tief.

Carl von Voß (1822)

Wir stiegen auf einer steinernen Treppe in den Uttewalder Grund hinab, dessen 120 Fuß hohe Felswände sich noch steiler als die des Liebethaler Grundes erheben und oft so nahe zusammentreten, daß man mit ausgestreckten Armen beyde Thalwände erreichen kann. Mit jedem Schritte wechseln die Felsengestalten und sind oft so lieblich von Fichten, Birken und anderen Baumarten gekrönt und umschattet, daß alle Schauer des Ortes dadurch verschleyert werden.

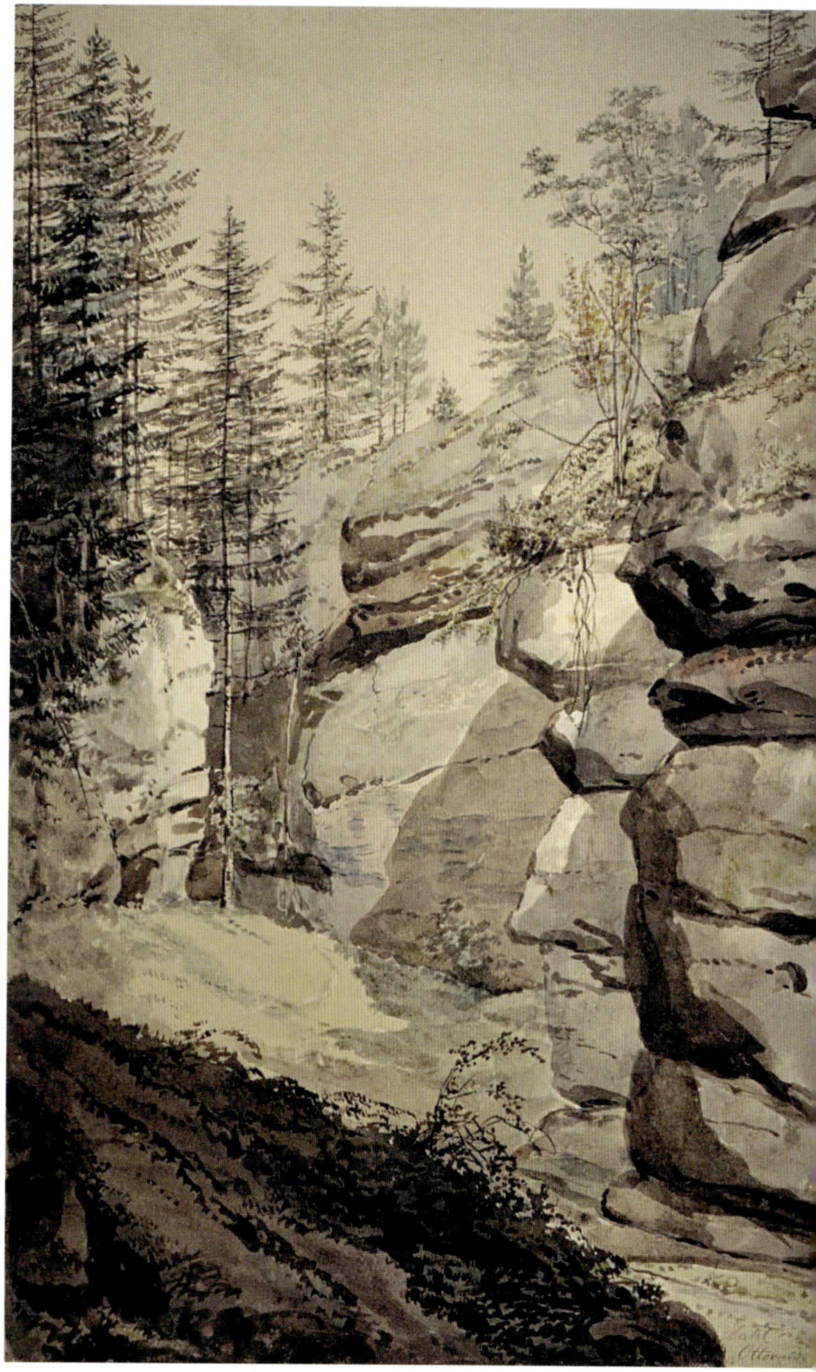

30 Johan Christian Dahl:
Im Ottowalder Grund, 1819,
Oslo, Nationalmuseum

Karl Immermann (1831)

Paar Stunden durch eine enttäuschend flache Hügellandschaft, und schon glaubte ich, die Sächsische Schweiz wolle mich täuschen, als der Hauderer hinter Lohmen uns gebot, auszusteigen, und der Führer uns auf fast senkrecht hinuntergehenden Stufen in den Ottowalder Grund brachte. Da waren wir mit einem Zauberschlage im wildesten Felsental.

Carl von Voß (1822)

An einer Stelle stürzten vor Menschengedenken drey große Steinblöcke herab, ohne den Boden erreichen zu können. Sie liegen nun in einer Höhe von 6 bis 8 Fuß zwischen den engen Thalwänden eingeklemmt und bilden das sogenannte Uttewalder Thor. Man geht unter ihnen weg auf Brettern, welche über den kleinen Bach gelegt sind, der sich durch den Grund windet. Andere Felsmassen drohen, weit überhängend, mit augenblicklichem Absturz, doch weiß man, daß selbst bey einem Erdbeben, das einst hier verspürt wurde, und auch in anderen Fällen, sich keine Felsenstücke losgelöst haben. Wohl aber haben die Stürme manche 40 bis 50 Fuß hohe Fichte von den hohen Felsenzinnen, wo sie nur dürftig wurzelte, losgerissen, und sie hängt nun, dem Holzhauer unzugänglich, an der steilen Wand herab. Oft lehnen sich nur halb entwurzelte Bäume von der einen Seite der Schlucht zur anderen hinüber und bilden eine laubige Pforte, unter welcher man hindurchgeht.

Carl Heinrich Nicolai (1801)

Die meisten Reisenden ergreift ein Schauer, wenn sie unter den eingeklemmten Steinblöcken weggehen und wenn sie durch sind, sehen sie sich rasch schüchtern um.

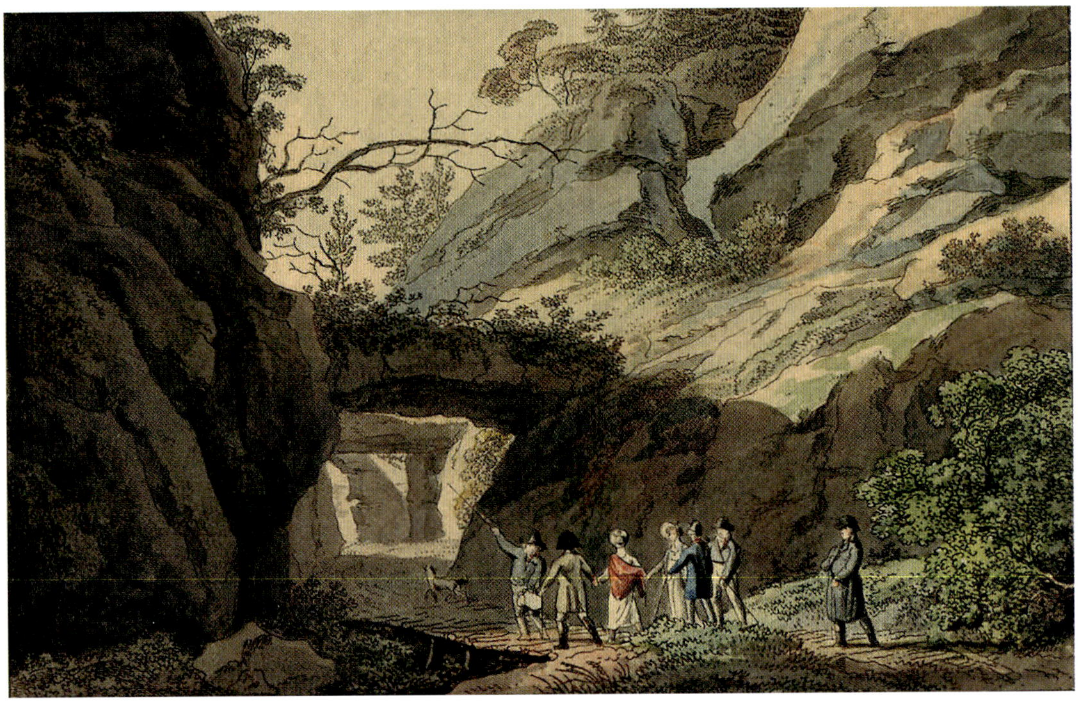

31
Anonym, nach J. G. Jentzsch: Das Felsentor im Uttewalder Grund, Anfang 19. Jhd., Stiftung Hasse

Ysop Lafleur (1798)

Der Weg ging über einige gelegte Bohlen zwischen den Felswänden so enge dahin, daß man eingeschlossen war, wie in den häßlichen Quergassen in Dresden.
Und nun denke dir noch große Steine, die über dir dazwischen liegen, daß du darunter durchgehen mußt wie unter einem Torweg. [...] Wie können nur Leute, die sonst hundert Schritte umgehen, um nicht dreißig Schritte lang durch ein enges Gäßchen zu gehen, wo doch ordentliches Steinpflaster ist – wie in aller Welt können die nun über so eine Felsschlucht sich freuen?

Ysop Lafleur (1798)

Ich mochte gar nicht hinsehen, so abscheulich sah es aus, immer ein Felsen höher und tiefer als wie der andere.[...] Ich glaube, daß es in Sibirien und bei den Türken nicht grausamer aussieht, als in dem Udewalder Grunde.

Caspar David Friedrich (1800)

Ich muß allein bleiben und wissen, daß ich allein bin, um die Natur vollständig zu schauen und zu fühlen. Ich muß mich dem hingeben, was mich umgibt, mich vereinigen mit meinen Wolken und Felsen, um das zu sein, was ich bin.
Die Einsamkeit brauche ich für das Gespräch mit der Natur. Einmal wohnte ich eine ganze Woche im Uttewalder Grund zwischen Felsen und Tannen, und in dieser ganzen Zeit traf ich keinen einzigen lebenden Menschen. Es ist wahr, diese Methode rate ich niemandem – auch für mich war das schon zu viel: Unwillkürlich tritt Düsterkeit in die Seele.

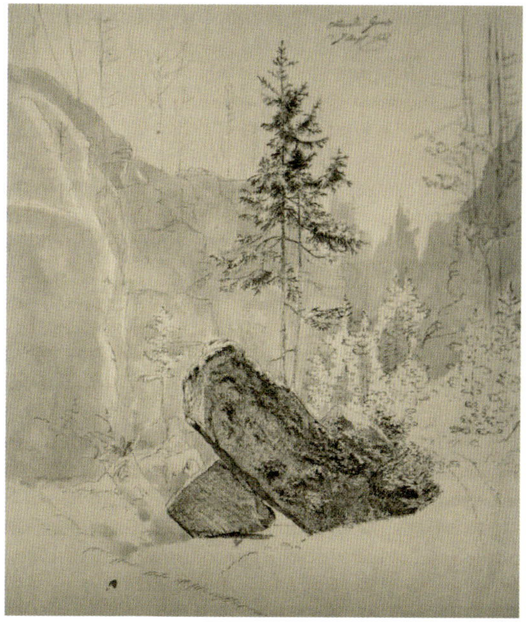

32
Karl Blechen:
Im Ottowalder Grund, 1823, Akademie der Künste Berlin

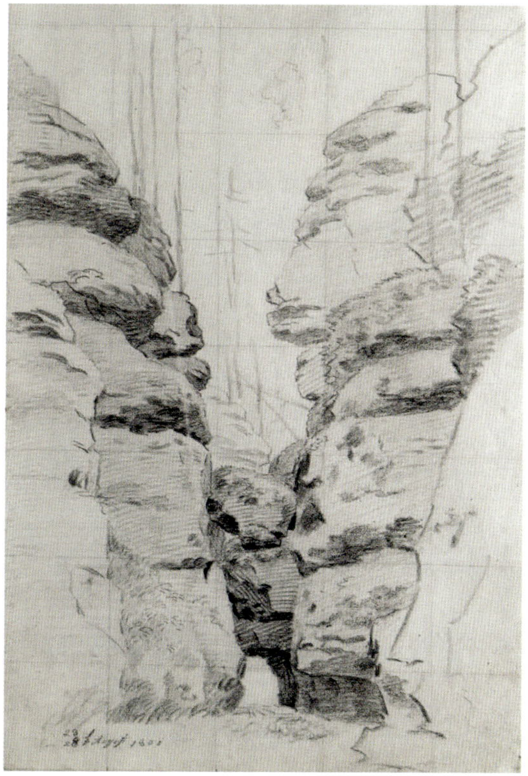

33
Caspar David Friedrich:
Das Felsentor im Uttewalder Grund, 1800, Mannheim, Kunsthalle

Wilhelm Lebrecht Götzinger (1804) [zum Zscherregrund]
Ueberhaupt ist dieser Grund sehr unterhaltend. Das viele Farrenkraut, welches die Wände überzieht; die mancherlei Moosarten, welche bald in lieblichem Grün sie innig umschlingen, bald in hohem Gelb ihre Scheitel vergolden, geben ihm ein schönes lebendiges Colorit, und die abwechselnden Abhänge, welche an den Wänden hervorragen, verbreiten über das Ganze eine Würde, welche Bewunderung und Wohlgefallen in gleichem Grade erzeugt.
Bald stößt man auf ein so sonderbares Felsengebäude, welches die Aufmerksamkeit ganz auf sich zieht. Eine große Felsenbank hängt über die etwa vier Ellen hohen Grundblöcke der Wand so weit hervor, daß sie eine vollkommne Decke bildet, und das Ganze zu einer geräumigen und kühlen Halle macht. Mit Verwunderung steht man unter diesem Obdache, gegen dessen Bau die Kunst des größten Baumeisters und die Summe von einer ungeheuren Menge Menschenkräfte verschwindet. Erfüllt von Gefühlen über solche Größen der Natur verläßt man diesen Platz, indem ein gleich dabei eingehauenes Denkmal sie in traurige Empfindungen umstimmt.

Götzinger zur Inschrift auf der Felsplatte: Christian Ehlig. d. 25. Febr 1792 steht hier an der Wand zu lesen. [...] Ein Mann will ganz oben auf der Höhe eine Fichte fällen, indem der Sohn unten mit dem Schlitten hält, um den Baum darauf zu laden und fortzufahren. Aber der arme Vater, welcher auf dem glatten Boden ausglitzscht, kömmt eher herab, als der Baum. Todt stürzt er dem Sohne zu Füßen.

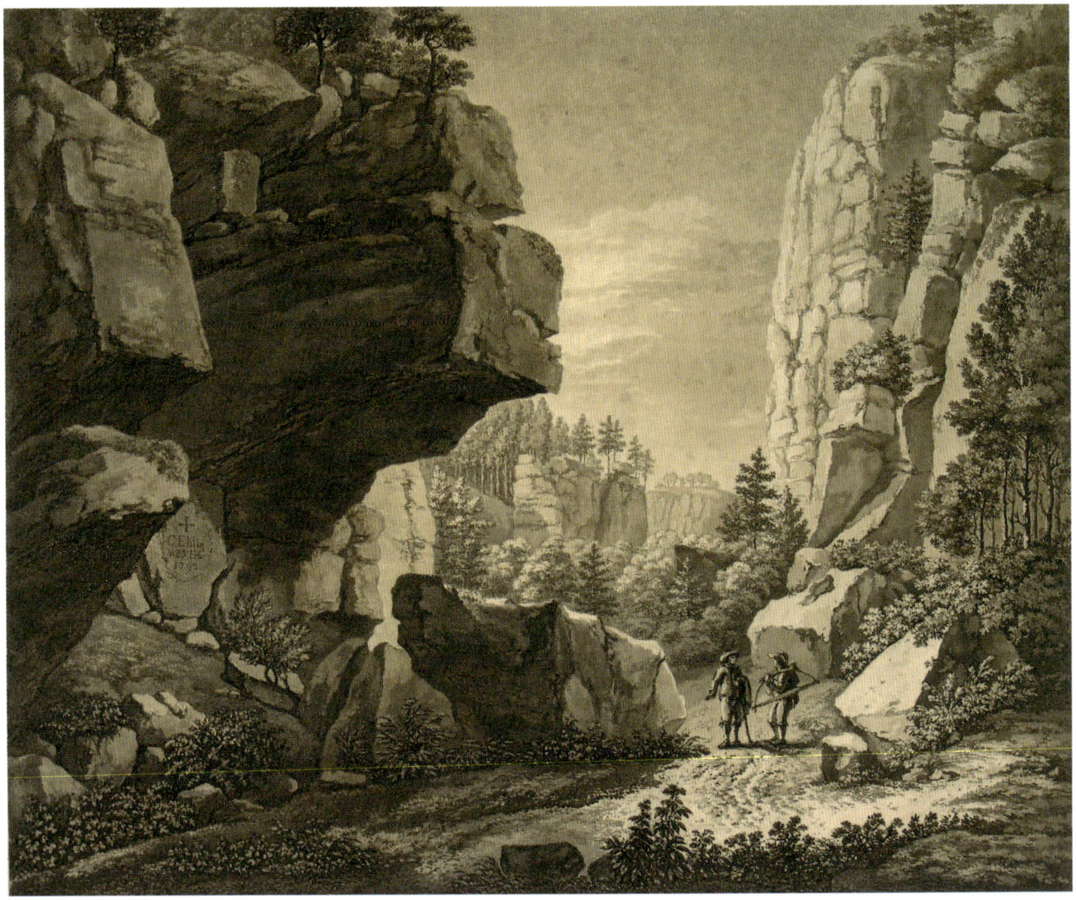

34
Johann Gottlob Schumann nach Johann Gottfried Jentzsch: Im Ottowalder Grunde (eigentlich Zscherregrund), 1805, Stiftung Hasse

4/5
Wehlen und das Elbtal

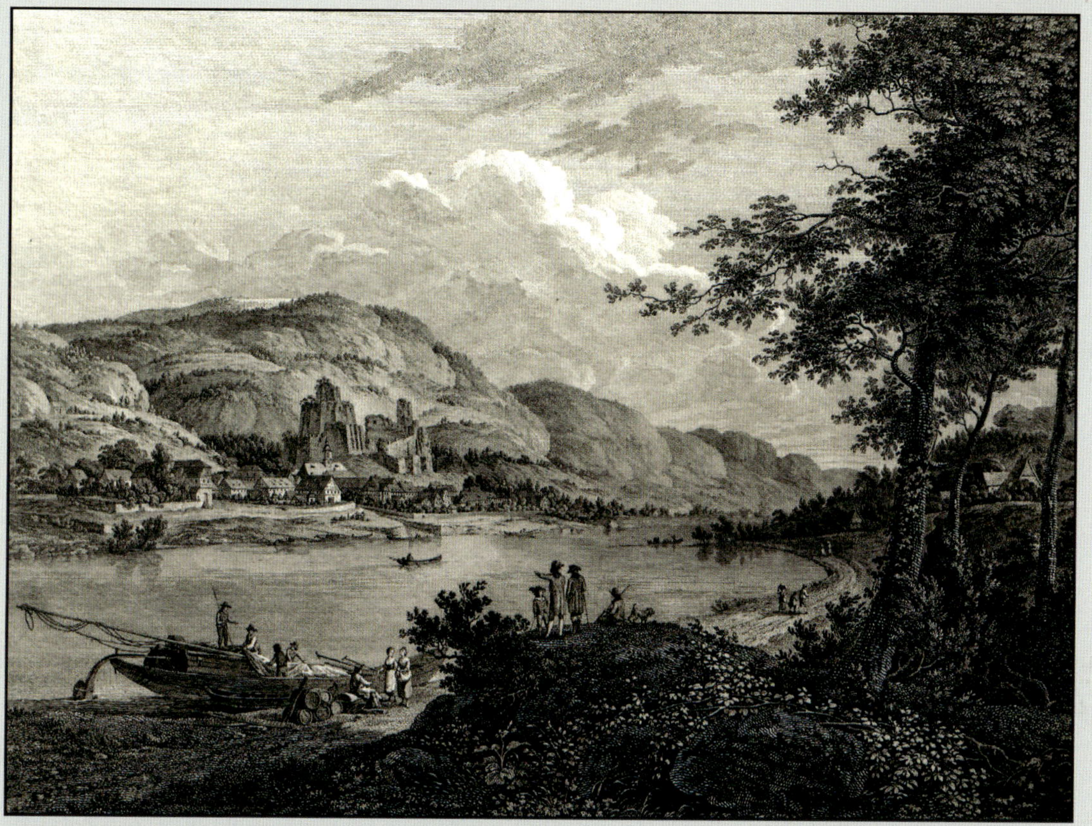

35 Carl August Richter nach Adrian Zingg: Blick auf Wehlen, Anfang 19. Jhd., Stiftung Hasse

Stadt Wehlen oder „Wehlstädtel“, wie man früher sagte, liegt malerisch an der Elbe und ist dadurch natürlich den regelmäßig auftretenden Hochwassern ausgesetzt. Als der Fremdenverkehr einsetzte, war die Burgruine noch eine mächtige Anlage, wie auf den alten Stichen zu sehen ist. Die Kirche stand noch nicht am Markt, sondern am Burgberg. 1834 gab es in Wehlen 96 Häuser und 865 Seelen (Schiffner). Einst wurde hier sogar Wein angebaut.

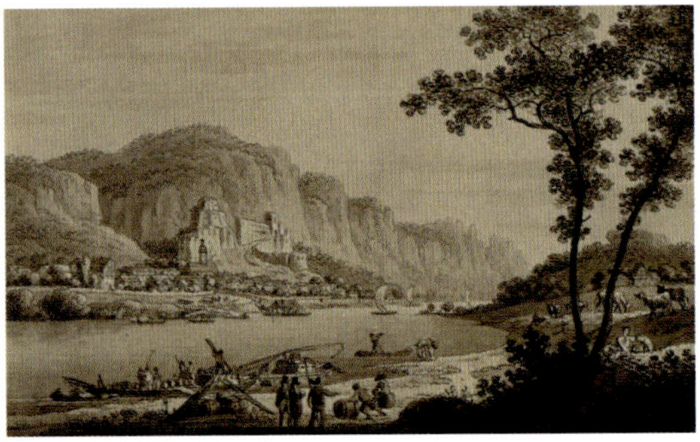

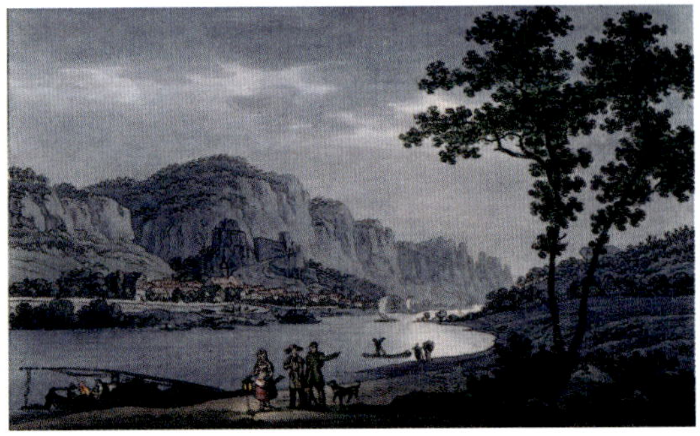

36/37
Johann Carl Aug. Richter:
Blick auf Wehlstädtel (Tag- und Nachtansicht), Anfang 19. Jhd., Stiftung Hasse

Wilhelm Lebrecht Götzinger (1804)

Hier strömt die Elbe in einem schönen Bogen vom Königstein herunter, der sich ebenso schön nach Wehlstädtel hin biegt. Ein sanft ansteigender langer Bergrücken, vom dunkelsten Grün seines Waldes überzogen, wirft seine Schatten auf die Fläche des Flusses.

Carl Heinrich Nicolai (1801)

Schön ist besonders die Aussicht, die man unten an der Elbe hat. Gegen Morgen zu ist die hohe Felsenwand, die sich von Wehlen bis Rathen hinzieht, auffallend. Man sieht hier die Felsspitzen von unten, die man eben jetzt besteigen will.

Albert Schiffner (1835)

Die Kurfürsten ließen die Burg [...] verfallen; indessen erhielten sich mehrere hohe Türme und andere Gebäude noch bis zu alter Leute Gedenken, und noch 1788 konnte eine so hohe Mauerpartie einstürzen, daß sie ein Haus in der Stadt ruinierte.

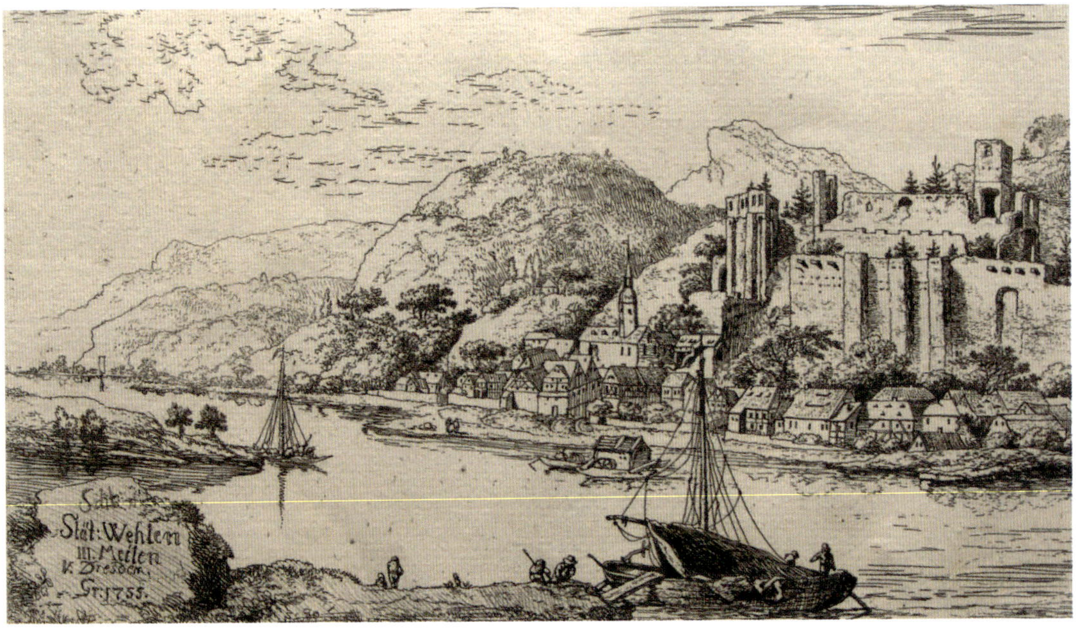

38
Basilius Grundmann:
Ansicht von Wehlen mit der Burgruine, 1755, Stiftung Hasse

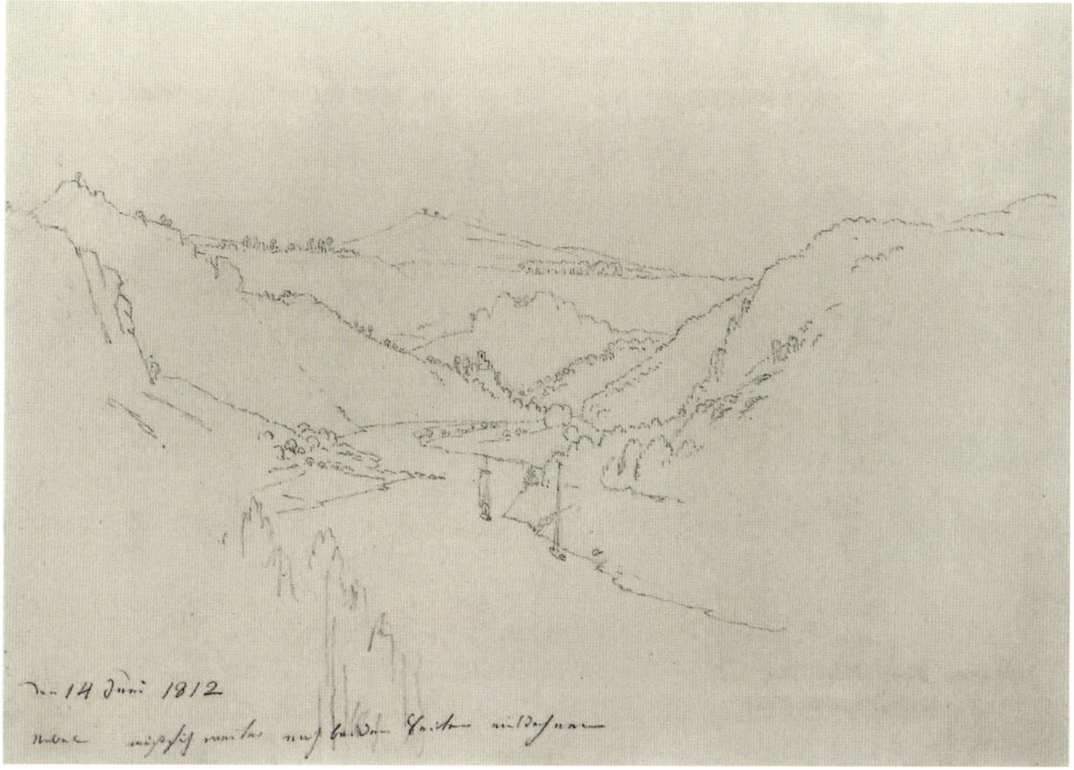

39 Caspar David Friedrich:
Flusslandschaft (Blick vom Burgberg in Wehlen elbaufwärts), 1812, Privatbesitz

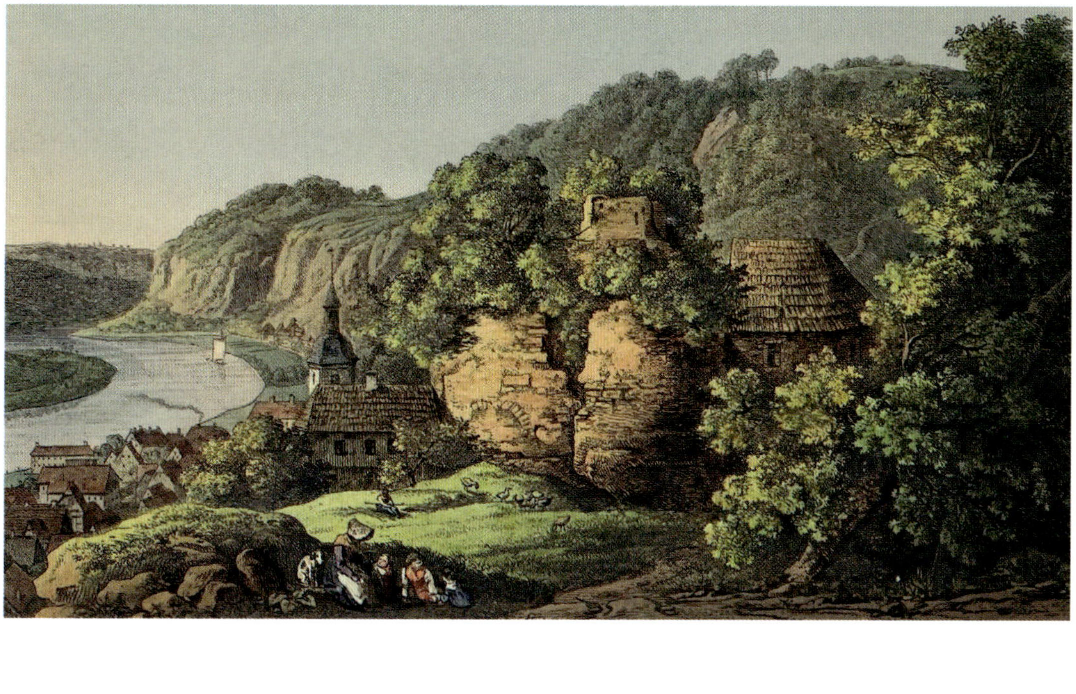

40
Ludwig Richter:
Wehlen mit der Burgruine und der alten Kirche, 1823, Privatbesitz

6
Bastei und Neurathen

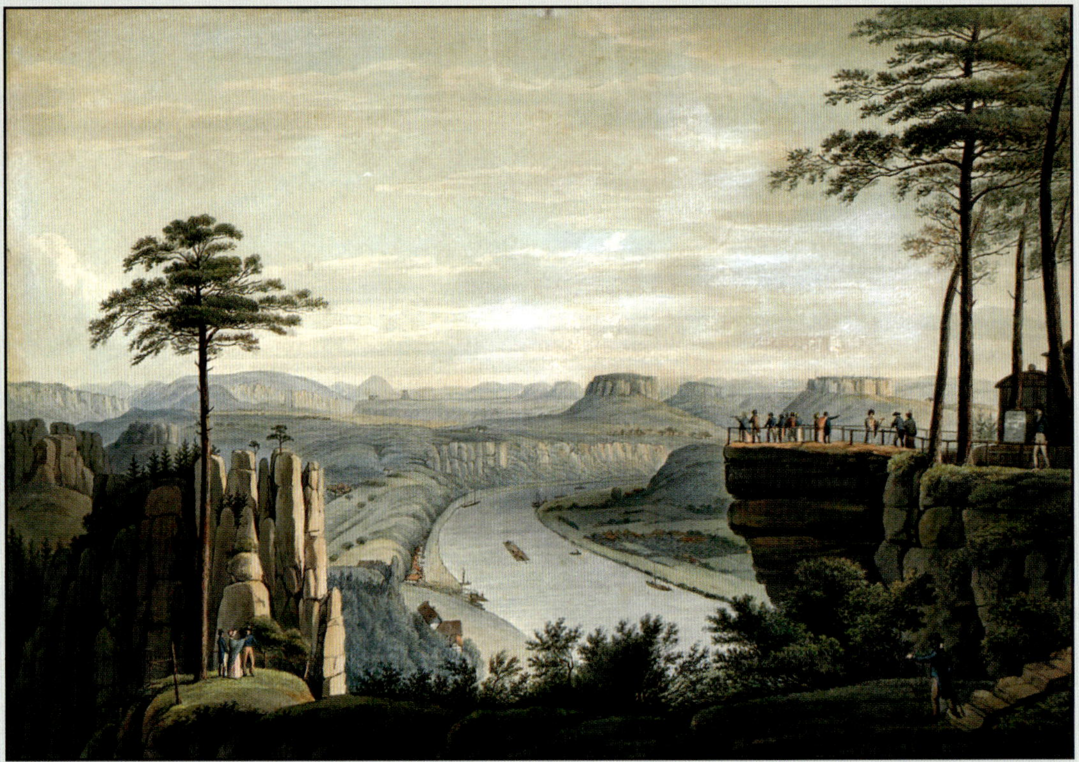

41 Johann Gottfried Jentzsch: Die Basteiaussicht mit Blick ins Elbtal Anfang 19. Jhd., Privatbesitz

Das gesamte Ensemble von Aussichtskanzel, Basteibrücke, Neurathener Felsentor, Felsenburg Neurathen und Ferdinandaussicht bietet eine solche Fülle von herausragenden Sehenswürdigkeiten, dass es wohl keine vergleichbare Stelle in der gesamten Sächsischen Schweiz gibt. Deshalb genießt auch die Bastei den allergrößten Ruhm. Weil das alles heute so leicht und bequem erreichbar ist, ist hier immer mit vielen Menschen zu rechnen, es sei denn, es regnet. Da kann es vorkommen, dass die Basteibrücke verwaist ist, und man die Faszination dieses mythischen Ortes ganz allein genießt. Die morsch gewordene Felskanzel der Basteiaussicht erhielt 2023 eine freischwebende moderne Aussichtsplattform.

„Weil heute alles so leicht und bequem erreichbar ist“: Deshalb sei daran erinnert, dass dem nicht immer so war. Die erste (hölzerne) Basteibrücke wurde 1826 errichtet, die heutige steinerne, die sich so harmonisch in die Felsenwelt eingefügt hat, steht seit 1850/51.

Carl von Voß (1822)

Wir hatten nur noch einen kurzen Weg bis zur Bastey, einem Felsenaltane, auf welchen man plötzlich aus dem dichten Walde [...] hinaustritt. Nun auf einmal erblickt man senkrecht unter sich in einer Tiefe von nahezu 1000 Fuß die Elbe in weiten Krümmungen, und das Auge schweift von der Sächsischen Schweiz bis zu den böhmischen Gebirgen. Mit ihren senkrecht abgeschnittenen Felswänden und den waldigen Kronen stehen der Lilienstein, der Königstein, Pfaffenstein, Zschirnstein. Zirkelstein und andere wie Altäre in diesem erhabenen Naturtempel und fesseln abwechselnd die Blicke. Mein erstes Gefühl an dieser Stelle ist kaum zu beschreiben: Meine Augen füllten sich mit Thränen und unwillkürlich beugte sich mein Knie vor dem Schöpfer. Erst nachdem ich mehrere Minuten stumm und mit gefalteten Händen am Geländer gelehnt hatte, vermochte ich mir Rechenschaft über das zu geben, was ich sah.

August von Goethe (1819)

Die Ueberraschung ist groß wenn man aus diesen engen Thälern auf einmal den freyen Ruhepunct auf der Bastey erreicht. Hier wo man von den schroffsten Felsenwänden gerade in die Elbe sieht, wo in der kleinen Entfernung der Lilien-, Königs- u. Pfaffenstein mahlerisch gruppirt liegen und überhaupt sich dem Auge ein Ganzes darstellt, welches mit Worten nie beschrieben werden kann.

Carl von Voß (1822)

Der Felsenaltan der Bastey hat nur 10 bis 12 Fuß Breite und ist von drey Seiten senkrecht abgeschnitten, doch ist er mit einem festen hölzernen Geländer umgeben, auf welches man sich ohne alle Besorgnisse lehnen kann. [...] Wenige Schritte vom Rand der Felsen sind mehrere Hütten von Baumrinde und Bretterbuden errichtet, worin man sich gegen Regen und Wind schützen kann. Tische und Bänke gibt es an vielen Orten. Ein Gastwirth aus Rathen versieht die Reisenden mit vielerley guten Weinen, kalter, auch sogar warmer Küche und hat in der Nähe unter den Felsen sowohl Küche als Speisegewölbe eingerichtet. Wir sprachen auch seinem Vorrathe zu und tafelten auf dem luftigen Sitze, bis die Dämmerung uns nöthigte, an ein Nachtquartier zu denken.

42
Adrian Zingg (Werkstatt): Basteiaussicht, Anfang 19. Jhd., Stiftung Hasse

43
Ludwig Richter: Basteiaussicht mit Rindenhütten, 1823, Stiftung Hasse

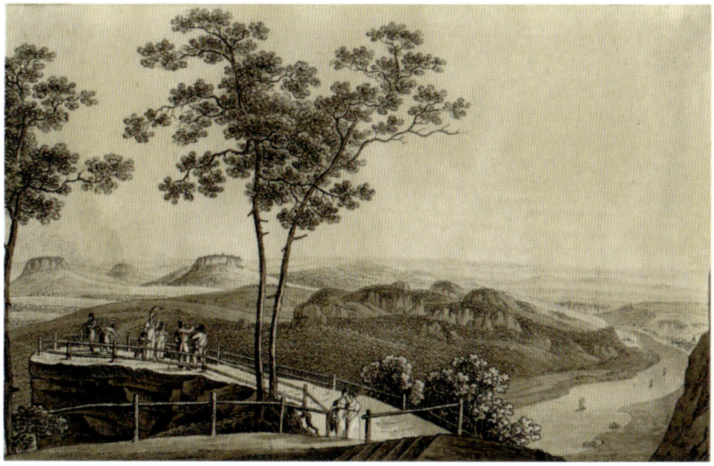

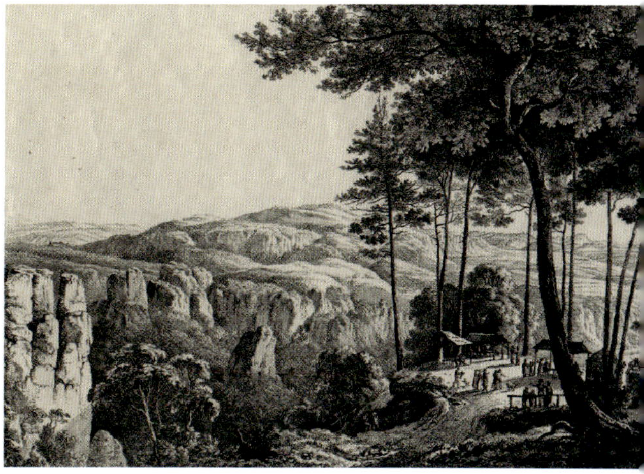

Albert Schiffner (1835)

Von Rathen herauf führte ehemals der Weg zum Thore des Neurathens nicht so, daß er die Hauptfelsen, wie jetzt, rechts, sondern daß er sie links ließ. Zuletzt mußte man über eine Schlucht, über welcher nur eine lange Leiter lag, so daß die Passage nur rittlings und mit peinlicher Langsamkeit geschehen konnte. Noch schlimmer fand es bis 1826 derjenige, der vom Thore zur Steinschleuder wollte; denn hier lag, an der Stelle des Hauptteiles der heutigen Brücke, nur ein mit Handhabe versehener, sehr schwankender und an der Steinschleuder fast abgefaulter Balken, der nur noch leichtere Personen [...] zu tragen vermochte; starke und schwindelige Personen wären hier unrettbar verloren gewesen. Von der Steinschleuder aber konnte man gar nicht weiter nach der Bastei kommen.

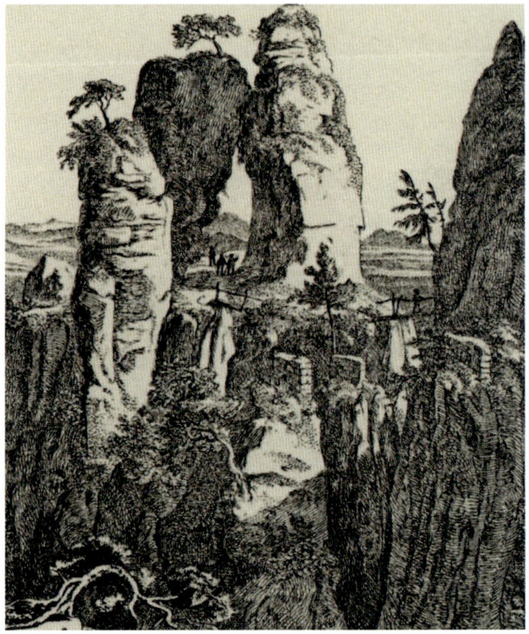

44 Ludwig Richter: Brückenstege am Neurathener Felsentor, 1823, Stiftung Hasse

Carl von Voß (1822)

So sorgfältig sind hier alle Stellen, von denen man eine interessante Aussicht genießt, eingefaßt, und einzeln stehende Felsenspitzen sind mit anderen durch kühne Geländerbrücken in Verbindung gebracht und durch Felsenstufen zugänglich gemacht. Ehe man mit diesen Sicherheitsmaßregeln bekannt geworden ist, fühlt man sich von leichtem Schauder ergriffen, wenn man Damen und kleine Kinder im Gedränge auf den steilsten, spitzesten Felsgipfeln stehen sieht, die nur den Bewohnern der Lüfte zugänglich scheinen.

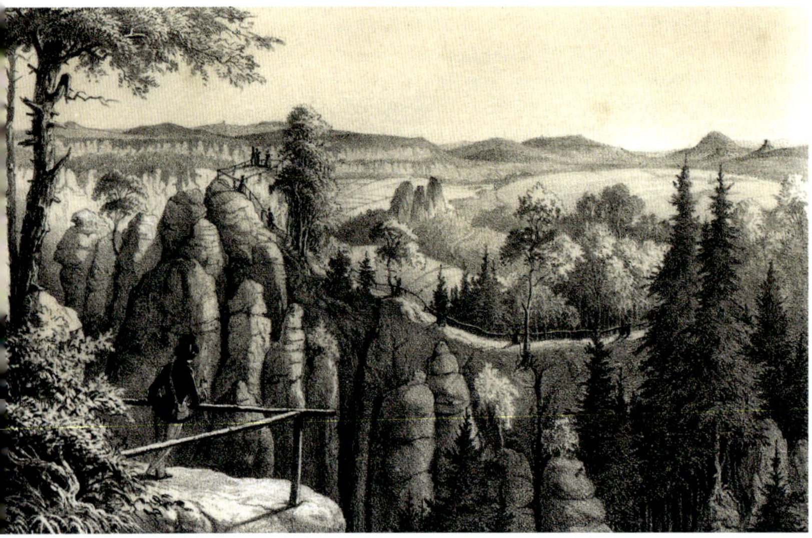

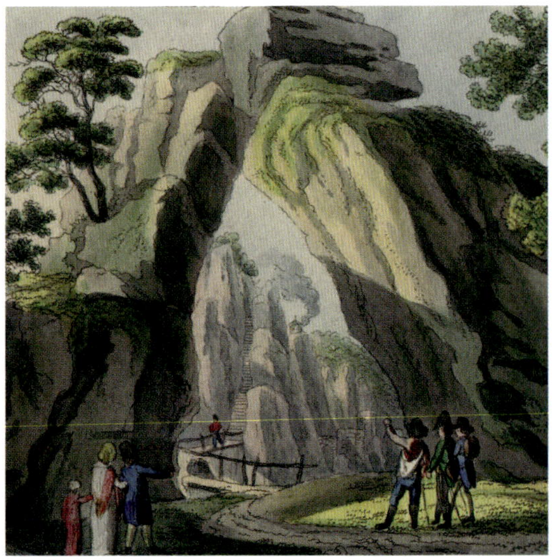

45 *(links)* **Johann Anton Willard:** Ferdinandaussicht, 1. Hälfte 19. Jhd., St. Hasse
46 *(rechts)* **Joh. Carl Anton Richter:** Neurathener Felsentor, Stufen auf die Steinschleuder, Anfang 19. Jhd., St. Hasse

Carl von Voß (1822)

[*Aufstieg zur Bastei durch die Vogeltelle*]

Wir schlugen nach Rathen den nämlichen Weg ein, den wir gestern abend in der Dämmerung genommen hatten und dessen wilde Schönheiten wir heute erst recht innewurden.

Er führte unter der Marderteile durch die sogenannte Vogeltelle und den Wehlengrund um einen kegelförmigen Felsen, der Babylon [Ferdinandaussicht] genannt wird, herum, auf dessen Spitze ebenfalls eine Plattform angelegt ist, die jetzt gerade mit Damen besetzt war.

Carl von Voß (1822)

[*Aufstieg vom Erbgericht in Rathen zum Neurathener Felsentor.*]

Der Eingang von unserer Seite aus geht durch ein enges, in einer Felsenspalte gemauertes Thor, durch welches man, in der Spalte mit großen Anstrengungen aufwärts klimmend, den höher gelegenen Theil erreichen kann. [...] Auf dem Gipfel des Neurathen angelangt, durchkrochen wir die weitläufigen Felsengewinde und blickten in die mannigfaltigen Abgründe, die theils nach der Elbe, theils nach der Mardertelle hin abstürzen.

Der Haupteingang zum Neurathen scheint auf der nach der Bastey zugewandten Seite gewesen zu seyn, denn man erblickt in dem wohl 100 Fuß breiten Abgrunde zwischen den beyden Punkten auf einigen niedriger gelegenen Felsenzacken verschiedene, mit unerhörter Kühnheit aufgemauerte Brückenpfeiler und in dem engen Felsenthore noch die Eindrücke von dem Ausrichten der Wagenachsen. Die Idee eines Überganges von hier zur Bastey kann nur noch im Kopfe eines Vogels entstehen, obgleich diese so wenig entfernt ist, daß wir uns den Personen, die sich auf derselben befanden und in der Luft zu schweben schienen, durch Zurufe verständlich machen konnten.

Von hier aus haben früher Waghälse auch die Steinschleuder, einen spitzen Felskegel, von welchem die Schiffe auf der Elbe einst mit schweren Steinkugeln beworfen wurden, erstiegen, und man sieht noch die schmale, steile Felsentreppe, auf welcher es möglich war, dahin zu gelangen. Allein nachdem ein junger Mensch sich dort so verstiegen, daß man ihm mit Leitern und Stricken hat zu Hilfe kommen müssen, ist ein schmaler Steg, der dahin führte, weggenommen worden. Überdies hat ein Blitzschlag den oberen Theil der Felsentreppe zerschmettert, so daß jeder Versuch, dort hinaufzugelangen, unmöglich gemacht worden ist.

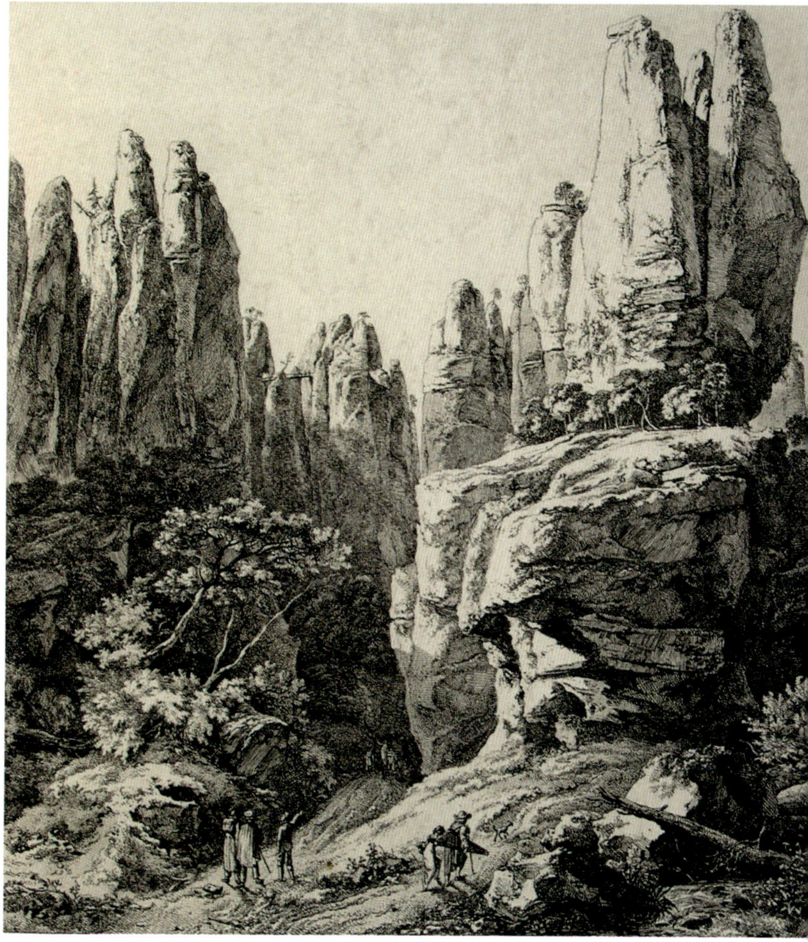

47
Ludwig Richter:
Der Einstieg zur Vogeltelle (im Wehlgrund), 1823, Stiftung Hasse

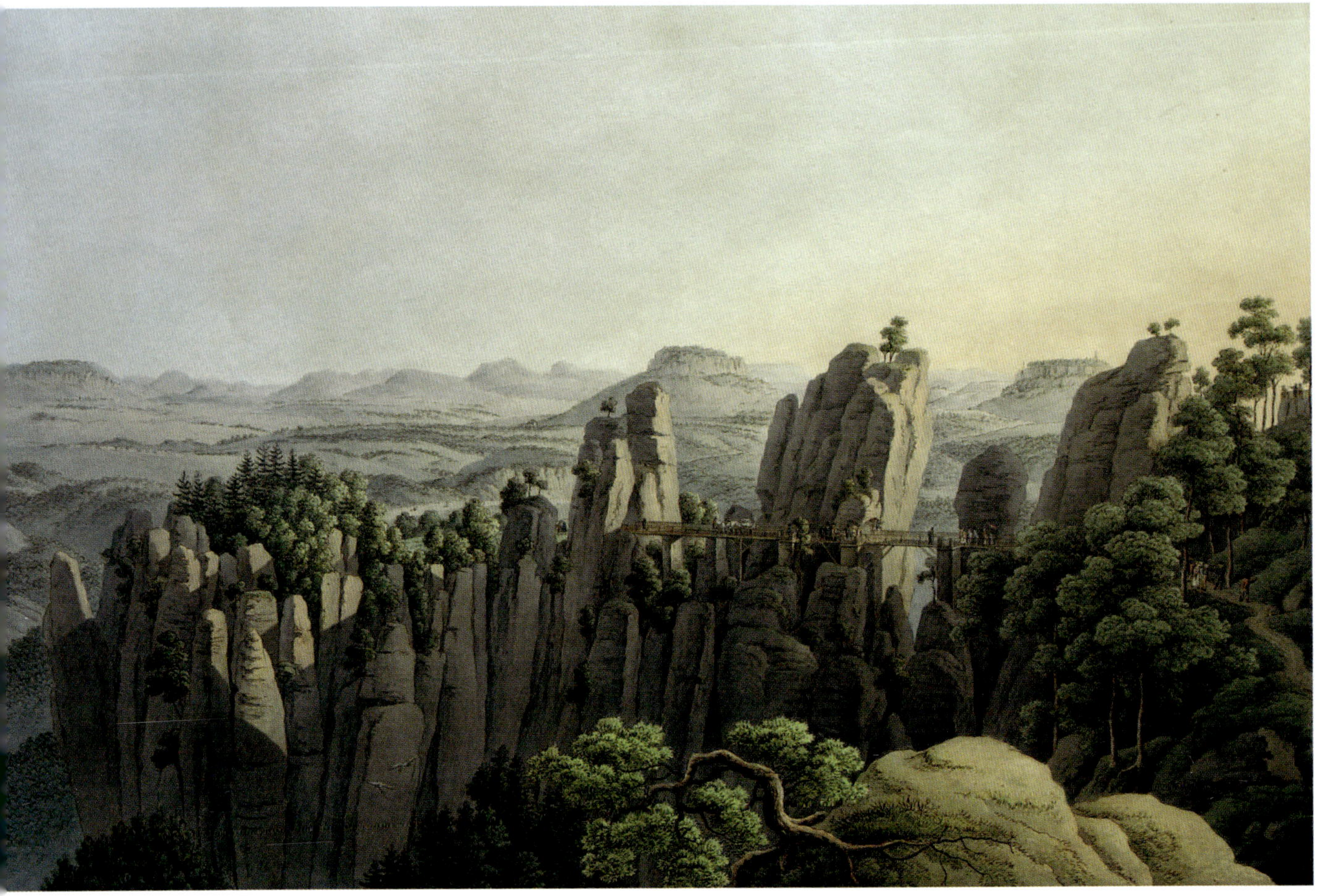

48
Carl August Richter:
Blick zum Basteiriff mit der 1826 gebauten hölzernen Basteibrücke, um 1840, Stiftung Hasse

Carl Gustav Carus (1833)

Was sah ich nicht heute Abend alles für wunderbare Effekte auf dem Wege, wo man vor der so genannten Bastei über die Felsenbrücken gegen Rathen hinabsteigt! – Stelle Dich zunächst an das Ende der ersten Brücke, lehne Dich an den Felsen, der gegen die Elbe sich hinwendet, und blicke nun hinab in die gewaltige dunkle Tiefe, wo die Ufer und der Strom im nächtlichen Nebel zusammenfließen, und blicke nun wieder hinauf an die schroff vor Dir aufgetürmten, bleichen, vom hellen Mondlicht übergossenen Felsmassen, welche das Haupt in den dunklen Nachthimmel erhebend, von Sternen gleich Kronen umgeben wurden! – sieh dann vorwärts gegen das dunkle Felsentor am Ende der Brücken, durch welches, wie aus grauen Nebelschleiern gewoben, die weite Ferne und zuhöchst der Rosenberg sichtbar wird! – stelle Dich dann so. dass der Mond hinter einem nähern, bemoosten und heidebewachsenen Felsvorsprung sich verbirgt, dass von ihm nur der bleichgoldige Schein, wie die Glorie am Haupte des Märtyrers, hervorleuchtet, und daß die Moose des Felsrandes zu einer scharfen, zarten, helleuchtenden Linie sich gestalten, [...] und Du wirst schon eine reiche Mannigfaltigkeit dieser Erscheinungen gewahr geworden sein!

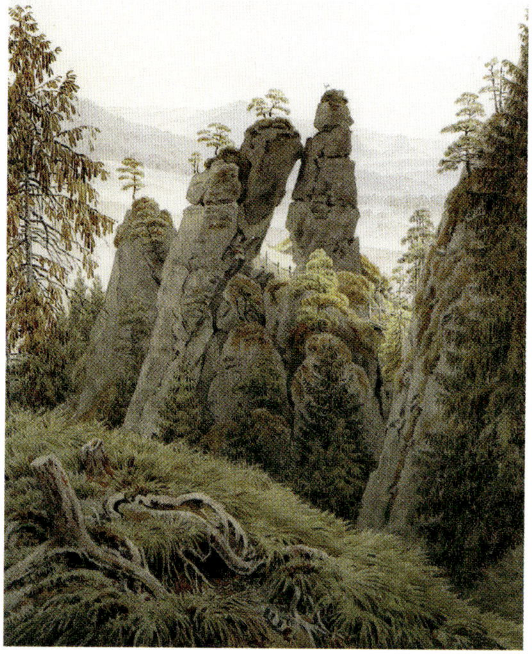

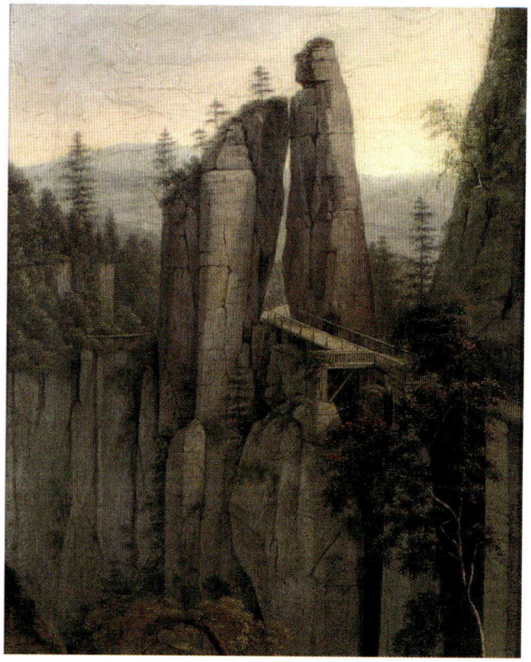

49 *(links)*
Caspar David Friedrich:
Neurathener Felsentor,
vor 1826, St. Petersburg,
Staatliche Eremitage

50 *(rechts)*
Ernst Ferdinand Oehme:
Neurathener Felsentor,
um 1830, Privatbesitz

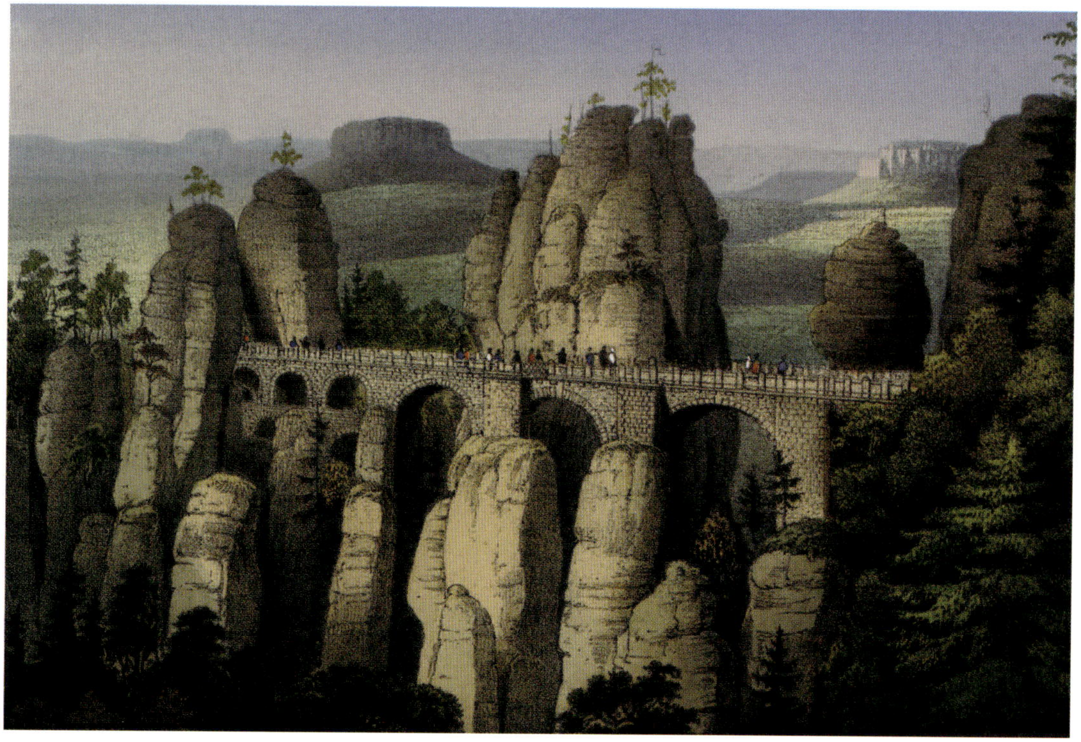

51
Anonym:
Die steinerne Basteibrücke,
errichtet 1850/51,
nach 1851, Stiftung Hasse

7
Rathen an der Elbe und der Rathener Grund

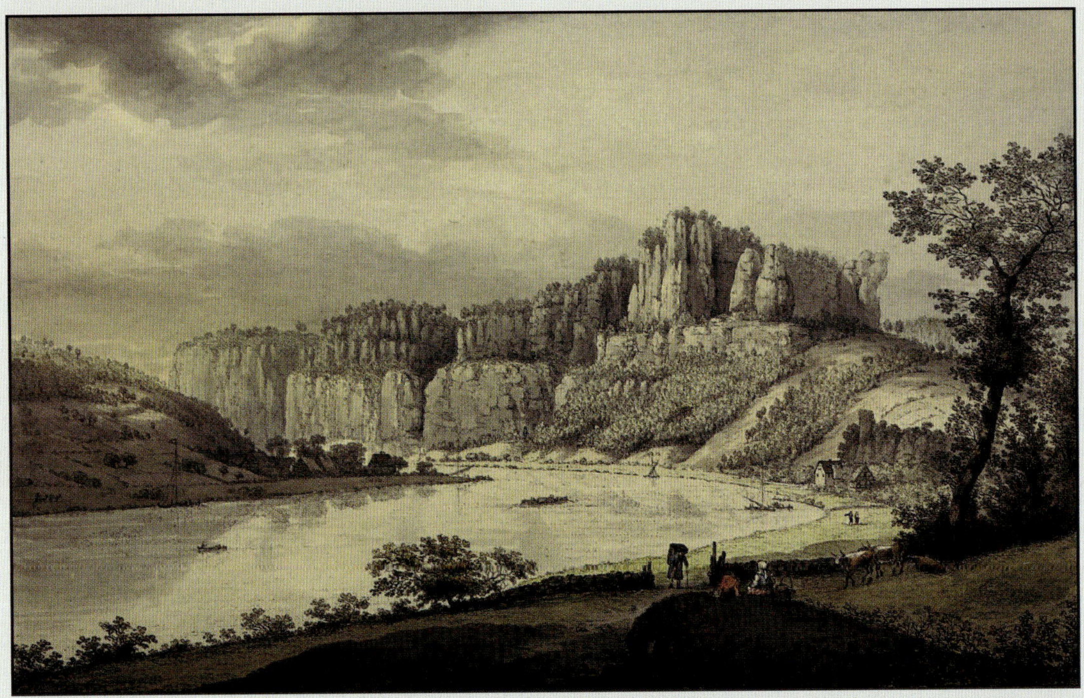

52 Johann Gottfried Jentzsch: Die Basteiwände bei Rathen, um 1800, Stiftung Hasse

Nieder- und Oberrathen liegen direkt an der Elbe unterhalb der Bastei. Die hohen Felswände bilden eine imponierende Kulisse. Der Fremdenverkehr hat längst aus dem kleinen Schifferdorf einen florierenden Kurort gemacht. So stehen neben alten Fachwerkhäusern am Hang des Grünbachs stattliche Villen. Gefürchtet sind bis heute die regelmäßig kommenden Hochwasser der Elbe. Über dem Tal des Grünbachs, unmittelbar hinter den letzten Häusern, recken sich gewaltige Felstürme und Felsenriffe in den Himmel: Talwächter, Kleine und Große Gans oder die Honigsteine. Will man die Elbe überqueren, muss man, wie vor 200 Jahren, die Fähre benutzen. Nur dass sie nicht mehr von Rudermännern bewegt wird, sondern an einem Stahlseil hängt.

Carl von Voß (1822)

Die Ansicht der Rathener Felsen und besonders der Bastey ist von der Elbe aus groß und erhaben, allein wir waren doch froh, sie nicht vor der Besteigung genossen zu haben, weil sie uns auf die Höhe derselben zu sehr vorbereitet haben würde.

Friedrich Renner (1802)

Diese steinerne Welt gleicht einem Theater, dessen statt mit Farben mit Felsen gemalte Coulissen, hinten auf der Gardine in einer immer enger werdenden Ansicht, sich zuletzt in einer kaum merklichen Öffnung, wie die sich schließende Perspektive eines Säulenganges, enden. Das Proszenium linker Seite nehmen die auf einer Anhöhe liegende Rudera einer zerstörten Burgveste, rechter Hand einige an einem waldigten Berge klebende Häuser ein. [...] Im Vordergrund liegt das Dörfchen Klein-Raden, und eine Mühle. Hinter ihnen brüten, durch einen tiefen Abgrund getrennt, er führt, schwarz wie die Federn der geflügelten Diebe, den Namen des Rabenkessels, zwei kollosalische Gänse von Stein.[...]

Mit anbrechender Morgenröthe verließ ich Klein-Raden, besuchte die Ruinen des Schlosses und hierauf den sogenannten Radner Stein, Er besitzt [...] zwey sehenswerte Gruppen. Die eine heißt der Mönchstein. Die andere Gruppe ist ein ebenfalls bloß von der Natur gemeiseltes Bollwerk, [die] Bastey. Beide gewähren nur von unten hinauf diese phantastische Ansicht, sie selbst zu erklimmen ist gefährlich, wenigstens mit vieler Beschwerde verknüpft.

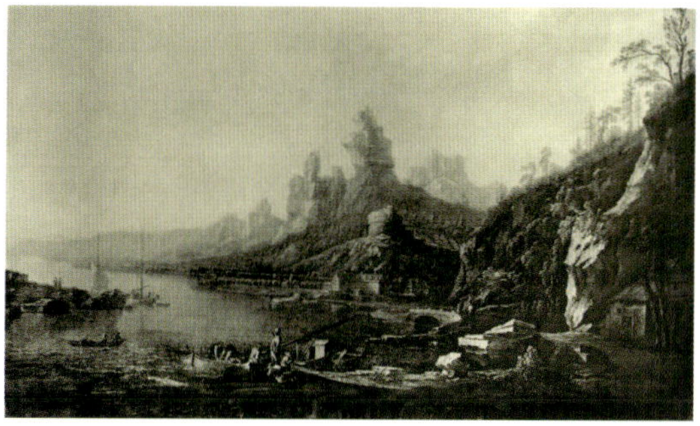

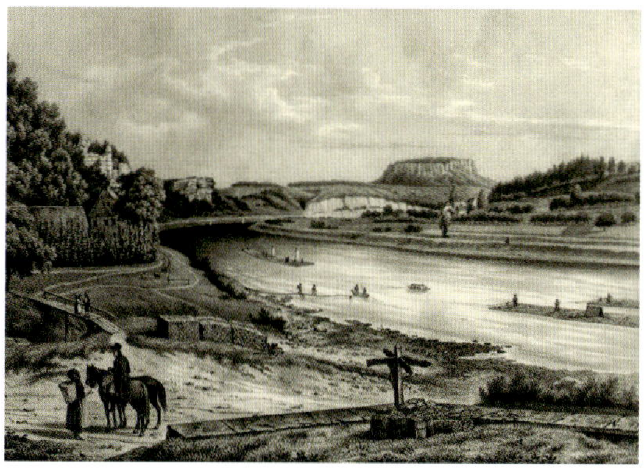

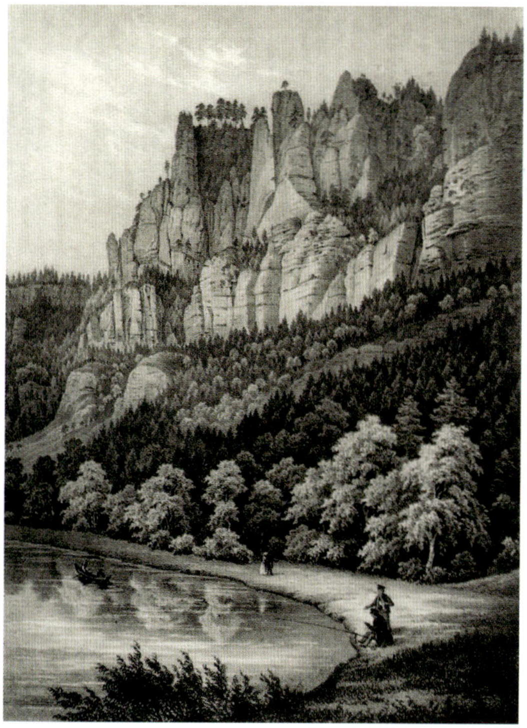

53 *(links oben)*
Johann Alexander Thiele:
Felsen bei Rathen, 1743, (Lichtdruck), Stiftung Hasse

54 *(links unten)*
Ludwig Eduard Lütke:
An der Elbe bei Rathen, um 1830, Stiftung Hasse

55 *(rechts)*
R. Bürger:
Felsen bei Rathen, um 1850, Stiftung Hasse

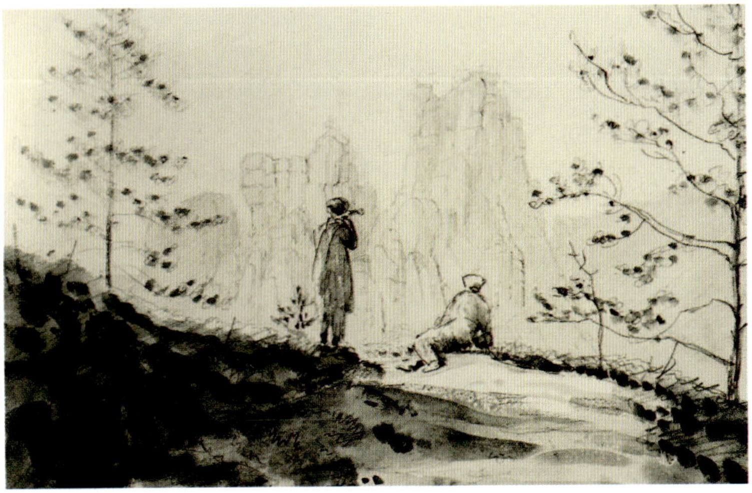

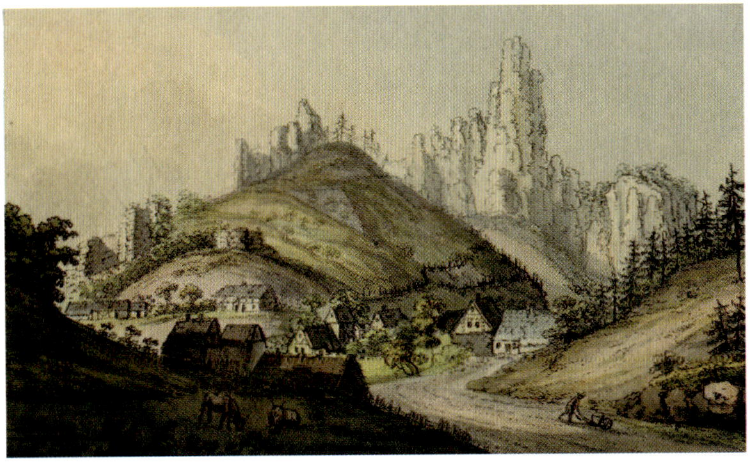

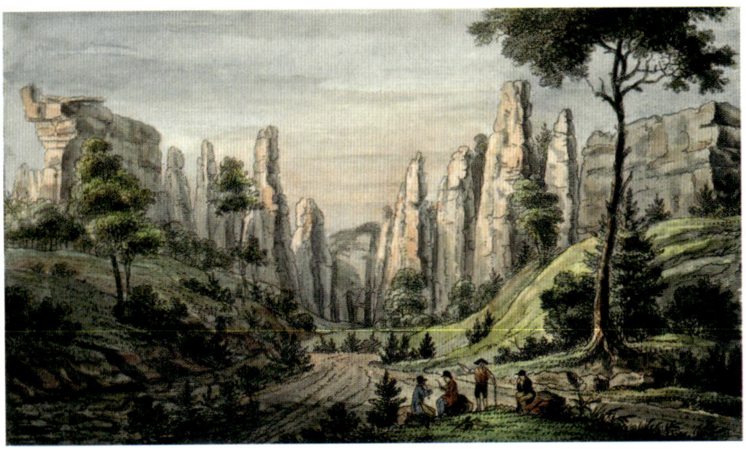

Wilhelm Lebrecht Götzinger (1804)

Sobald man in das Tal tritt, in welchem die Grünbach herabfließt, so stößt sogleich eine auffällige Merkwürdigkeit entgegen. Auf der gegenüber stehenden Berghöhe fesselt das Auge eine einzelne hohe Bergwand [...] Dieser so sonderbar durchbohrte große Fels wird der Feldstein genennt und er ist [...] mit Kornfeldern umgeben. Noch ist weiter hin in der Nähe die kleine Gans zu sehn, die zwar an sich hier eben nichts besonders Merkwürdiges hat, als daß sie aus einer hohen Wand besteht, welche in verschiedene Theile zerrissen ist, aber welche eine Ansicht giebt, die neue ungewohnte Empfindungen weckt.

Man sieht sich hier von dem Blankhorn, dem Amselstein, Honigstein, Feldstein, Neurathen, der Bastei und der Ganß umgeben. [...] Wer kann dieses unübersehbare Feld todter Felsenpyramiden und Säulen, welche hart an einander angeschlossen aus ungeheuern Tiefen unter tausendfacher Abwechselung heraufstarren, anschaun, ohne in ein schauerliches Erstaunen zu gerathen. Die hier gewöhnlich herrschende tiefe Stille, die etwa nur das Geschrei eines Waldvogels zuweilen unterbricht, vermehrt noch diese unnennbare Empfindung. [...] Nichts unterbricht das Schweigen der Wildnis weit und breit, als wenn auf dürren Zweigen ein Grünspecht hackt und schreit; ein Raab auf hoher Spitze bemooster Tannen krächzt, und in der Felsenritze ein Ringeltäubchen ächzt.

Von oben:

56 Carl Gustav Carus:
Blick zur Kleinen Gans, Anfang 19. Jhd.
SKD, Kupferstichkabinett

57 Anonym nach J. G. Jentzsch:
Blick zur Kleinen Gans, Anfang 19. Jhd.,
Stiftung Hasse

58 Anonym J. G. Jentzsch:
Blick in den Rabenkessel, Anfang 19. Jhd.,
Stiftung Hasse

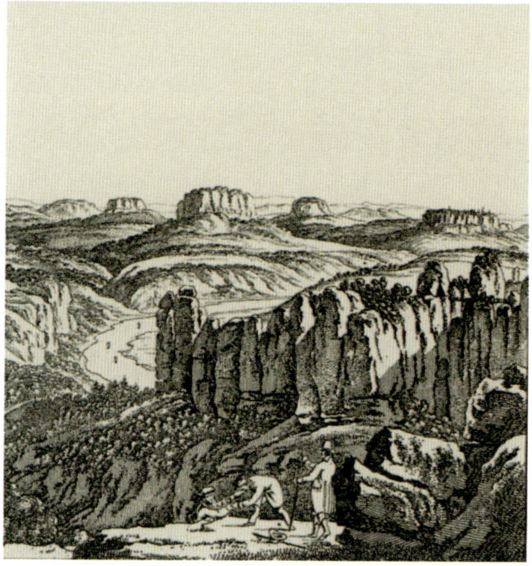

59 Ludwig Richter: Kleine Gans und Rathen (Ausschnitt), 1821, Stiftung Hasse

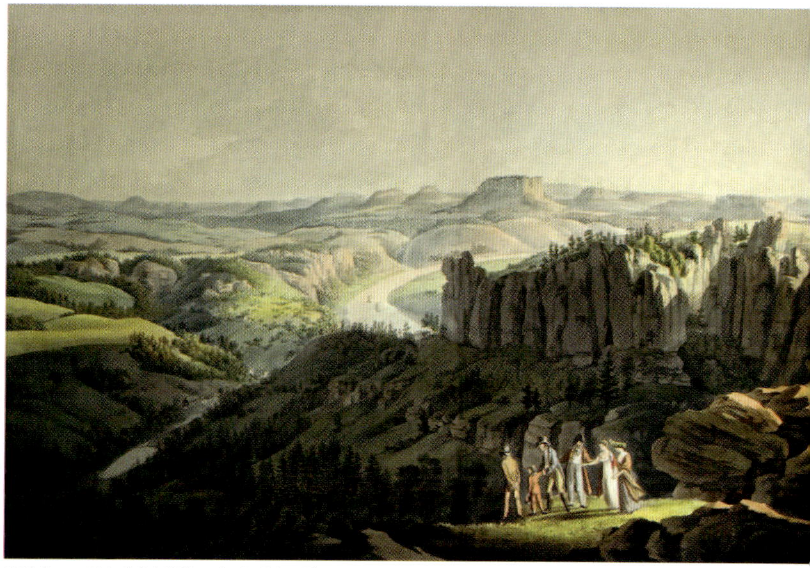

60 Johann Friedrich Wizani: Auf der Kleinen Gans, um 1800 Privatbesitz

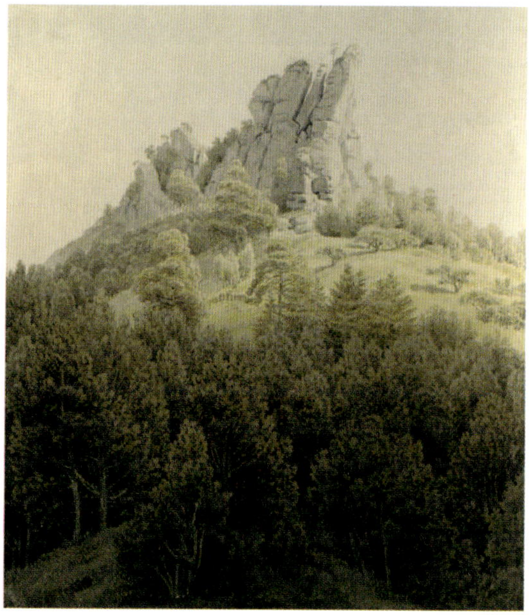

61 Caspar David Friedrich: Der Feldstein (Talwächter), um 1828, Nürnberg, Germanisches Nationalmuseum

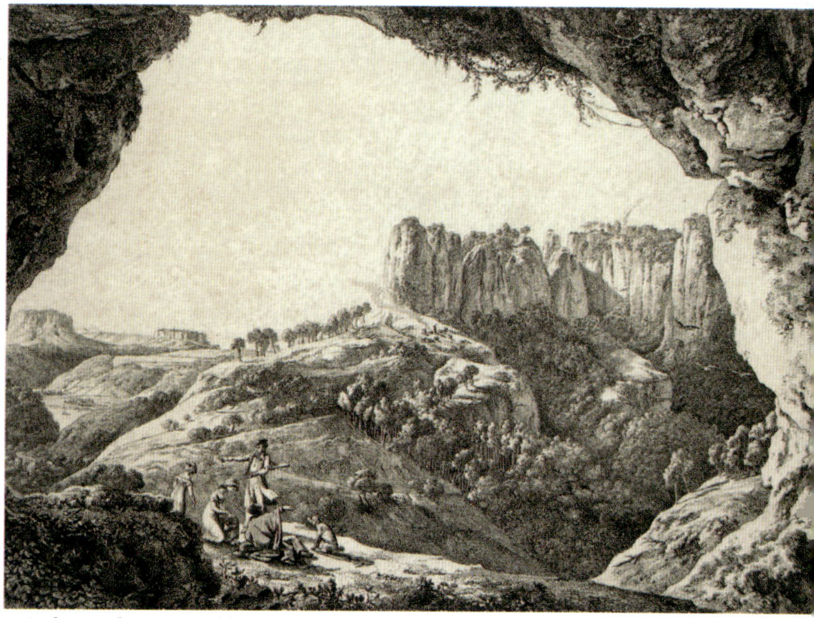

62 Ludwig Richter: Die Höhle am Talwächter, 1823, Stiftung Hasse

8
Amselgrund und Amselhöhle

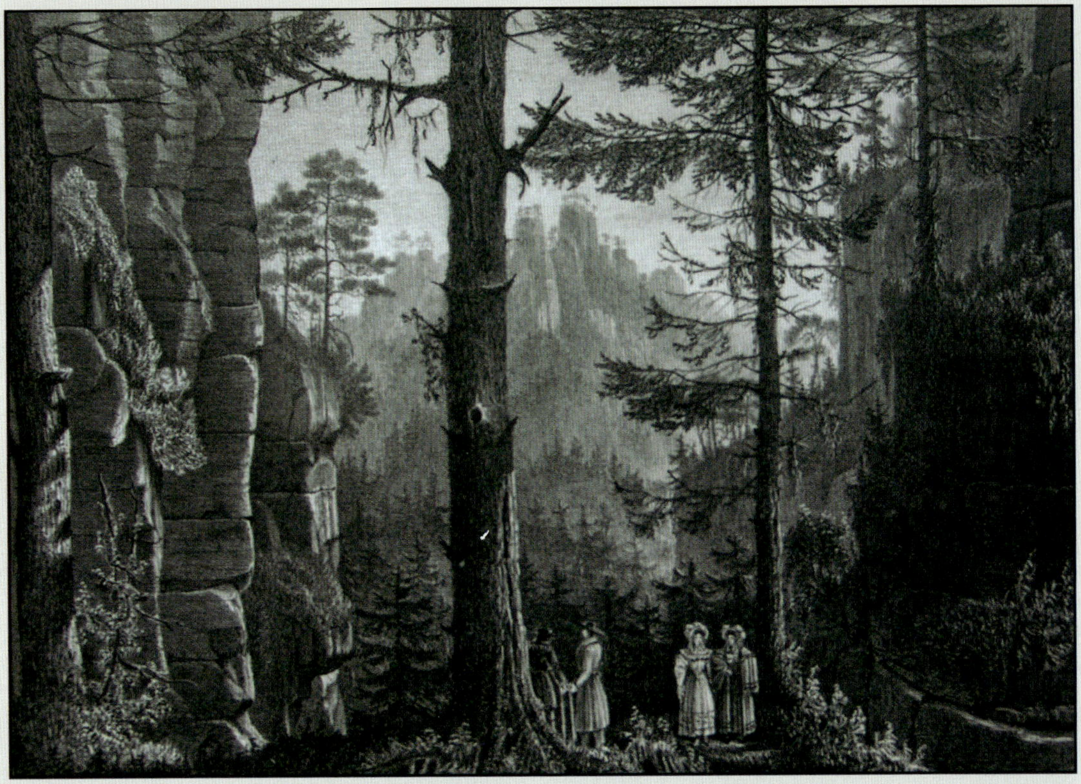

63 Georg Albert Müller: Im Amselgrund, 1833, Stiftung Hasse

Anfangs führt der Amselgrund lieblich und bequem von den wild-hochaufragenden Felsenpartien weg und hinauf auf die freie Höhe. Doch unvermittelt versperrt der wuchtige Amselstein den Weiterweg. Hier bot sich das überraschende Erlebnis eines Wasserfalls, der allerdings künstlich erzeugt wurde. Auch die Amselhöhle bediente alle romantischen Vorstellungen einer idyllischen Natur. Vor etwa hundert Jahren wurde die Amselfallbaude errichtet, die seit 1996 eine Nationalpark-Informationsstelle beherbergte, bis sie wegen Felssturzgefahr geschlossen werden musste. Heute überlegt man, ob die historische Amselfallbaude an eine sicherere Stelle versetzt werden könnte. Die einst wildromantische Stelle ist derzeit durch Felssicherungsmaßnahmen stark beeinträchtigt, obwohl der Weg begehbar ist.

Wilhelm Lebrecht Götzinger (1804)

Ein hinreißendes Schauspiel wird man genießen, wenn man grade in einer Stunde vor dieser Grotte steht, wo gegen Mittag ... die Sonnenstrahlen in gerader Richtung auf diese Grotte fallen. [...] Alle Pracht der Farben des Regenbogens wölben durch den Staubregen einen prächtigen Bogen, welcher noch mehr als der wahre Regenbogen ergötzt, weil das Spiel der herabfallenden Wassertropfen ihn zu einem beweglichen immer brilliantirenden kostbaren Bande machen. Man kann diesen schönen Anblick nicht lange genug haben. Wer außer dieser Prachtansicht, welche hier die Natur giebt, sich noch eine außerordentlich schöne verschaffen will, der nehme bei der Ausreise eine Fackel mit, zünde sie hier an, und gehe mit ihr in die Grotte. Die Wirkung ist vortrefflich.

Ysop Lafleur (1798)

Wie wir endlich an das Amselloch kamen, ging dann der Betteltanz mit der Fackel los. Das ist ein großes Loch im Felsen, der Amselstein heißt, in das man recht bequem hineingehen könnte, wenn kein Wasser drin wäre. Herr Bredemann (der Förster) versprach mir, nach geendigtem Holzschlage einen noch reicheren Wasservorrath herleiten zu lassen, welches mit sehr wenig Mühe zu machen wäre [...] beim Besuch war der Bach abgedämmt, wegen Holzschlag.

Links, von oben:
64 Adrian Zingg: Amselfall, um 1800, Stiftung Hasse

65 Anonym: Amselfall, Anfang 19. Jhd., Stiftung Hasse

unten:
66 Ludwig Richter: Amselhöhle, 1821, Stiftung Hasse

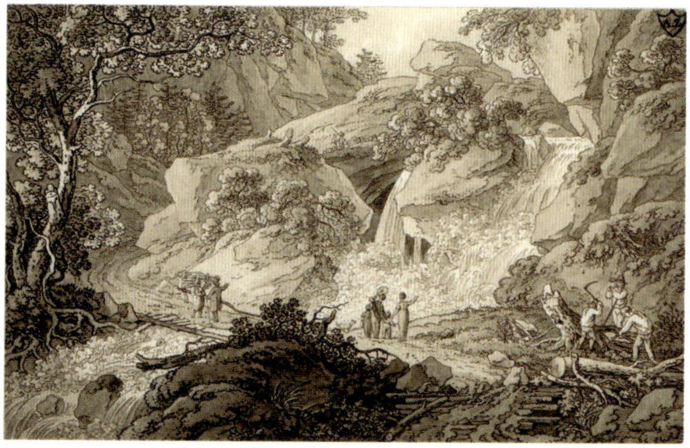

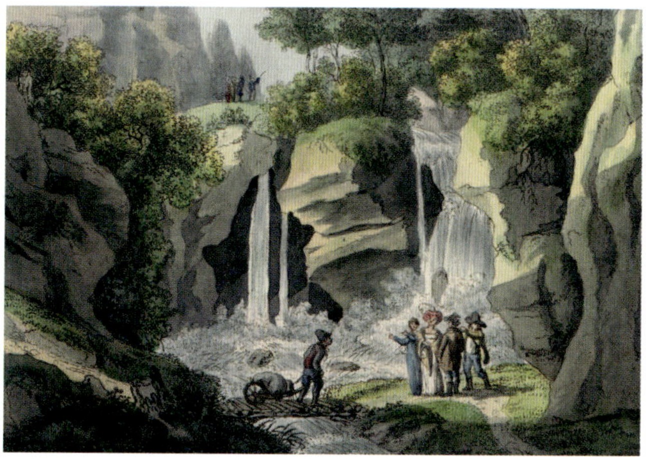

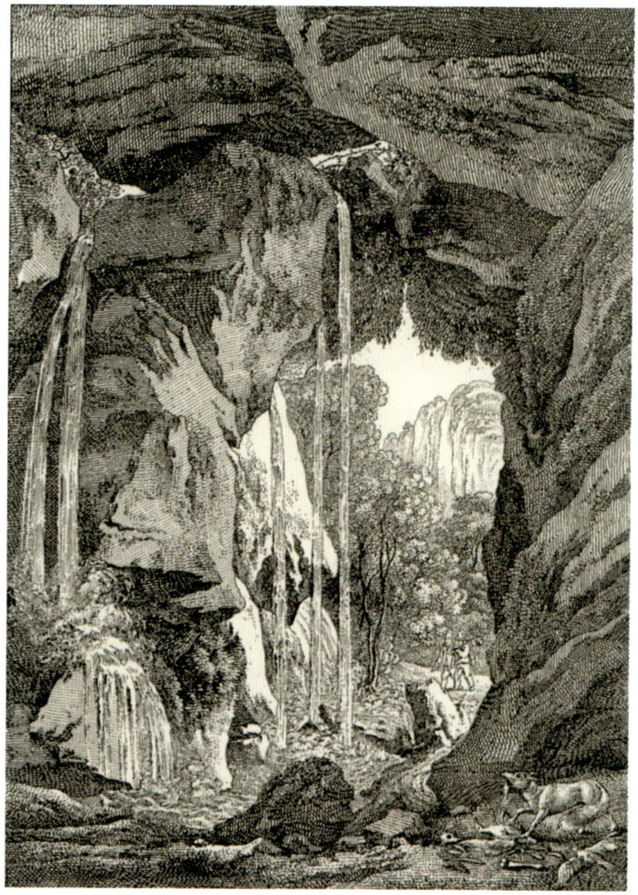

Wassilij Shukowski (1821)

Grünbachthal – entlang des Ufers des namensgebenden Baches, begannen wir wieder auf die Höhe zu steigen: Seine Wassermassen bilden in ihrem Verlauf zwei Wasserfälle, die im zeitigen Frühjahr oder nach heftigen Regenfällen aber sehr malerisch sein sollen. Aber wir sahen nur einen flachen, schnellen Bach, der ein angenehmes Geräusch machte und sich seinen Weg zwischen den Steinen bahnte. Sein erster Sturz heißt Amselloch, weil der Stein, aus dem er fällt, eine Höhle bildet, ziemlich tief man sieht einen silbernen Bach, der den dunklen Eingang der Höhle entzweischneidet; und wenn Sie unter einem Baldachin eintreten, sehen Sie denselben Strom, der wie eine durchsichtige Kristallsäule aussieht.

Carl von Voß (1822)

Das Amselloch selbst ist eine unbedeutende Höhle mit einem noch unbedeutenderen Wasserfalle, der nur bey starken Regengüssen oder im Frühjahr beym Schmelzen des Schnees bemerkt zu werden verdient. Allein die Umgebung ist wahrhaft großartig und höchst sehenswerth.

F. C. Hasse (1804)

Der Grünbach hatte sich eine Höhlung in der Seitenwand ausgewaschen, so daß er nicht mehr oberhalb des Amsellochs herunterstürzte; allein Hr. Jentzsch [Johann Gottfried Jentzsch], der diese Gebirgsszenen zeichnete, bewog durch Geschenke und Bitten die Müllerburschen in der Nachbarschaft, daß sie jene Höhlung zuwälzten und verstopften. So wurde der Wasserfall wieder hergestellt. – Eine Schlittenpartie hierher im Winter müßte einzig in ihrer Art für uns Dresdner seyn!

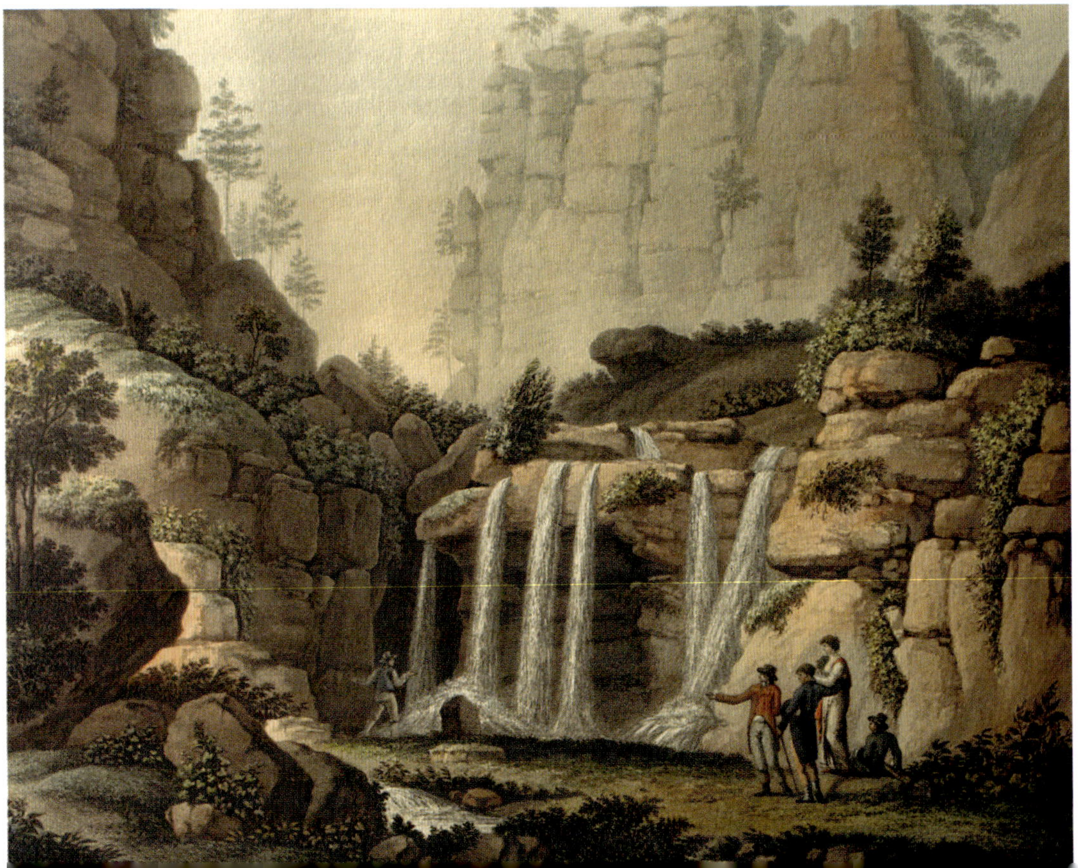

67
Johann Gottlob Schumann nach Joh. G. Jentzsch: Amselfall, Anfang 19. Jhd. Stiftung Hasse

9
Hockstein und Polenztal

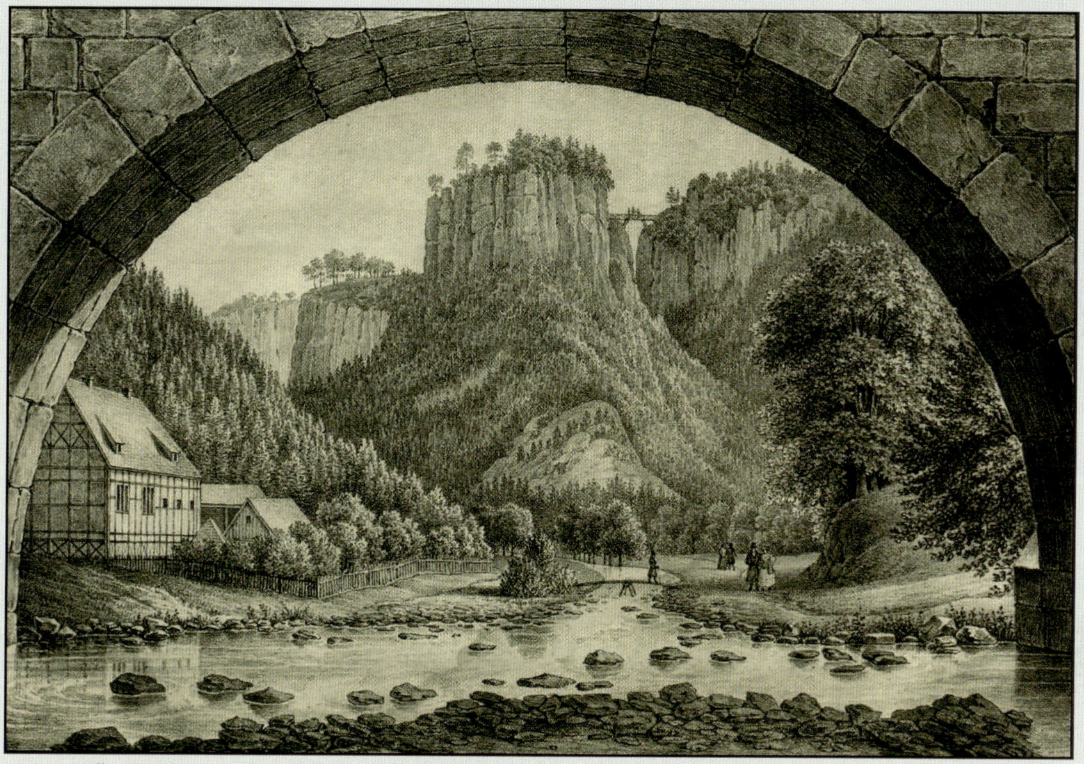

68 Georg Albert Müller: Im Polenztal (Blick zum Hockstein), 1833, Stiftung Hasse

Diese Aussichtskanzel war von jeher ein besonderer Anziehungspunkt. Bevor die Teufelsbrücke 1821 gebaut wurde, wurde der Hockstein von Hohnstein aus besucht, durch die ebenso abschreckende wie anziehende Wolfsschlucht. Der Wartenberg bot Anfang des 19. Jahrhunderts einen freien Blick hinüber nach Hohnstein. Die Talweitung des Polenztals bei der Schlossmühle (heute Maimühle, allerdings Ruine) wurde wegen ihrer Lieblichkeit allgemein gepriesen.

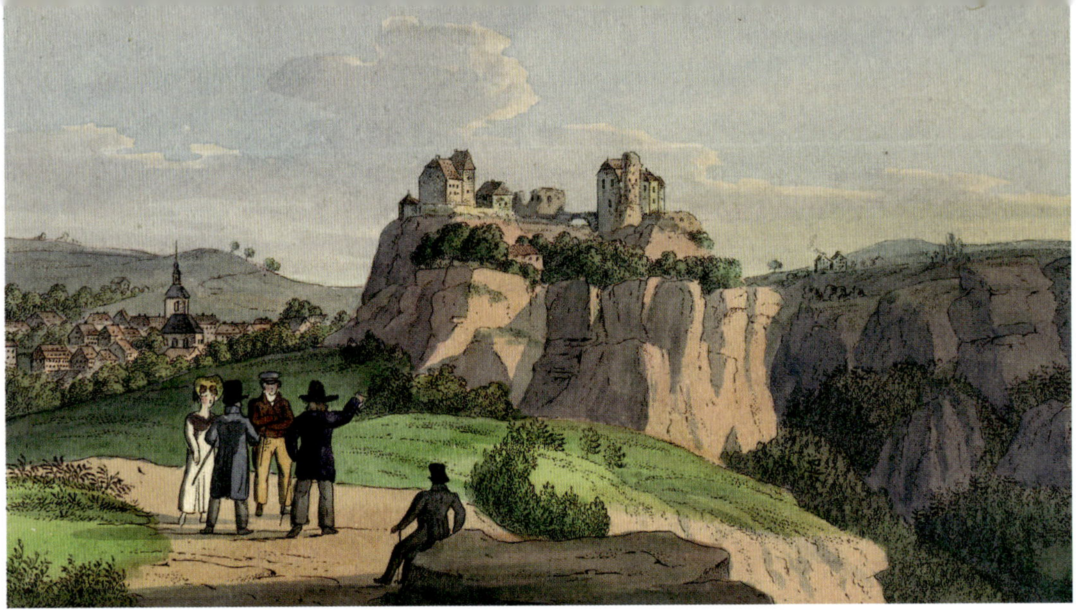

69
Anonym nach Ludwig Richter:
Hohnstein, Blick vom Hockstein, Mitte 19. Jhd., Stiftung Hasse

Hans Christian Andersen (1831)

Nun führte der Weg nach Hohnstein und Schandau, aber erst wollten wir einen kleinen Abstecher machen, um die seltsame Partie bei der „Teufelsbrücke" zu sehn. Der Teufel hat wirklich Geschmack. Jede Stelle, die seinen Namen trägt oder auf ihn hindeutet, hat etwas Pikantes. Es sind die allerromantischsten Gegenden, die man mit seinen Interessen in Verbindung gesetzt hat.

Die Teufelsbrücke ist gleichsam hingeworfen über eine Schlucht zwischen zwei senkrechten Felsen; ein Berg ist hier gespalten von seiner obersten Spitze bis an den grünen Fuß; aber die ganze Öffnung ist nur ungefähr vier bis fünf Ellen breit. Einige Schritte davon ist noch eine ähnliche tiefe Spalte; aber diese geht in wunderlichem Zickzack und bildet gleichsam eine Art Gang. Durch den Dichter Kind hat diese Stelle ein eigenes Interesse bekommen, indem er die Beschwörungsszene im Freischütz hierher verlegt hat. Diese tiefe Spalte ist die vom Theater her bekannte „Wolfsschlucht".

Carl von Voß (1822)

Auf dem Hocksteine hat man eine treffliche Aussicht in das wilde, romantische Thal, welches ihn vom Städtchen Hohnstein trennt, und auf das Städtchen selbst mit seinem ehemals festen, nun verfallenden Schlosse.[...] Im Städtchen wurde gerade zur Kirche geläutet. Die Klänge schallten deutlich zu uns herüber und vermehrten das Feyerliche des Augenblicks, indem sie uns an Gott und den herrlichsten Sonntagmorgen erinnerten, den wir in so prachtvoller Umgebung verbringen konnten.

Der Zugang zu diesem früher fast unersteiglichen Felsensitze ist durch die Sorgfalt eines Herrn v. Carlowitz, Oberförster in Hohnstein, gänzlich gefahrlos und bequem gemacht worden; doch kann man sich eines Schauers nicht erwehren, wenn man über die schmalen, aber festen und mit Geländer auf beiden Seiten versehenen Brücken die mehr als 100 Fuß tiefen Abgründe überschreitet und die dicht unter denselben aufwärts führenden Treppen ersteigt.

Carl August Engelhardt (1794)

(Aufstieg zum Hockstein, bevor die Teufelsbrücke gebaut wurde)

Der Weg ist steil und mit glatten Tannennadeln besäet, ich glitsche und falle – aber, der müßte eine

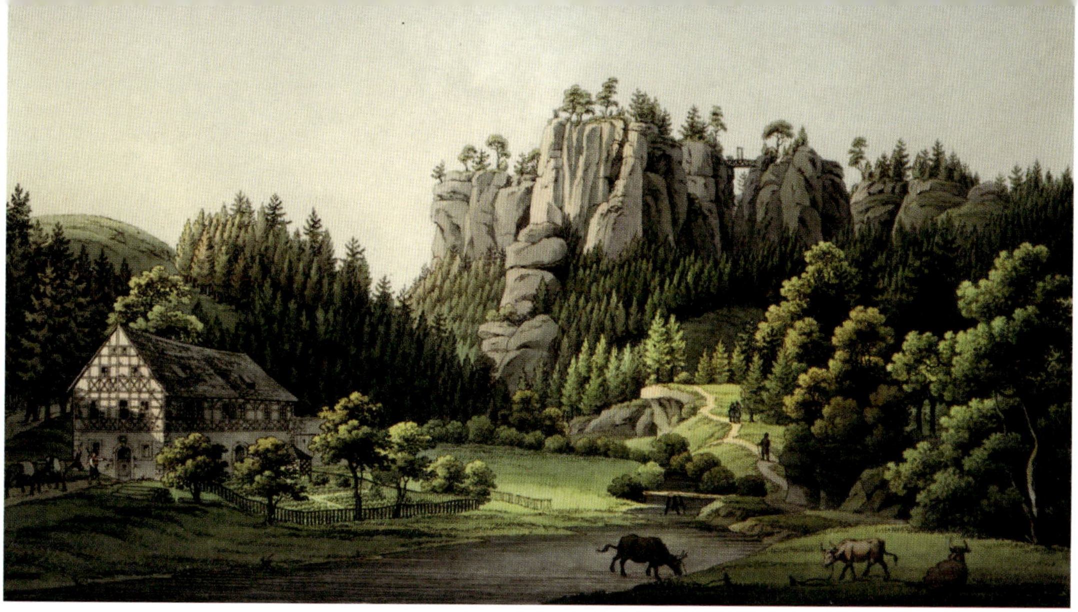

70
Carl Heinrich Beichling:
Blick zum Hockstein, um 1830, Privatsammlung

kleine Portion Neugierde besitzen, der nicht dem ungeachtet fortklettern wollte. Mein baarfüssiger Mentor kriecht in ein ohngefähr zwei Ellen hohes und ein, bis anderthalb Ellen breites Loch in den Felsen – ich stutze über das finstere Portal zu einem noch viel dunkleren Felsenzimmer –aber es hilft nichts – Ich krieche ihm nach und stehe nun auf einmal in einer Felsspalte, die ein, bis drei Ellen breit ist und beinahe durch die ganze Höhe und Breite des Felsen läuft. Wer weiß, welch fürchterliche Katastrophe sie bildete, denke ich, richte die Augen in die Höhe und – sehe nichts als glatte, schauerliche Felswände, welche ein schmaler Strich Himmel nur so schwach erleuchtet, das ich sehen kann, wo ich stehe – fürchterlicher Anblick! Der Junge lehnt sich an die Wand und pfeift sich ein Stückchen, so sorglos, als saß er am Wiesenbach, während ich ein wenig ruhe. Der Weg wird nun gefährlich und mühsam, gepflastert mit großen herabgestürzten Felsstücken, über welche man klettern muß. Immer nur die Augen auf den gefahrvollen Weg gerichtet, nicht auf den Jungen, (denn verirren, dacht ich, kann man sich doch schwerlich, wenn man auf beiden Seiten die Felswände greift) vermisse ich diesen auf einmal. Ein süsser Trost auf einem solchen Wege. – Ein anderthalb Ellen hohes und eine Elle breites Loch scheint das Ende des Weges zu seyn. Ich krieche durch und finde ihn hier auf einem, siebzehn Schuhe langen und breiten und auf drei Seiten mit Felswänden eingeschlossenen, Platze. Von hier wenden wir uns rechts und klettern auf einem engen und steilen Weg über einen hohen Felsen, und von da wieder rechts über breite Felsenstufen in ein ohngefähr zwölf Ellen langes und breites Felsenzimmer, in dessen Eingang, nach Mitternacht zu, große Falze eingehauen sind, Spuren, daß da einst Menschen wohnten. Hier glaubte ich das Ziel meiner Neugierde erreicht zu haben, aber noch war des Kletterns kein Ende. „Nun nehm´ er sich hübsch in Acht, daß er nicht fällt!“ flüsterte mir mein Führer bedenklich zu. Ein enger Weg zwischen tiefen Schluchten, wo ich beständig den fürchterlichsten Abgrund vor mir sehe, führt uns auf einen, etwas niedrig liegenden Vorsprung, der mit dem Hauptfelsen in Verbindung steht.
Während mir hier der kleine Wagehals eine Menge Namen von neugierigen Reisenden vorliest, die auch den Hockstein erkletterten, halte ich mich schadlos an der malerischen Aussicht auf das gegenüber liegende Städtchen und Schloß Hohnstein.

10 Hohnstein

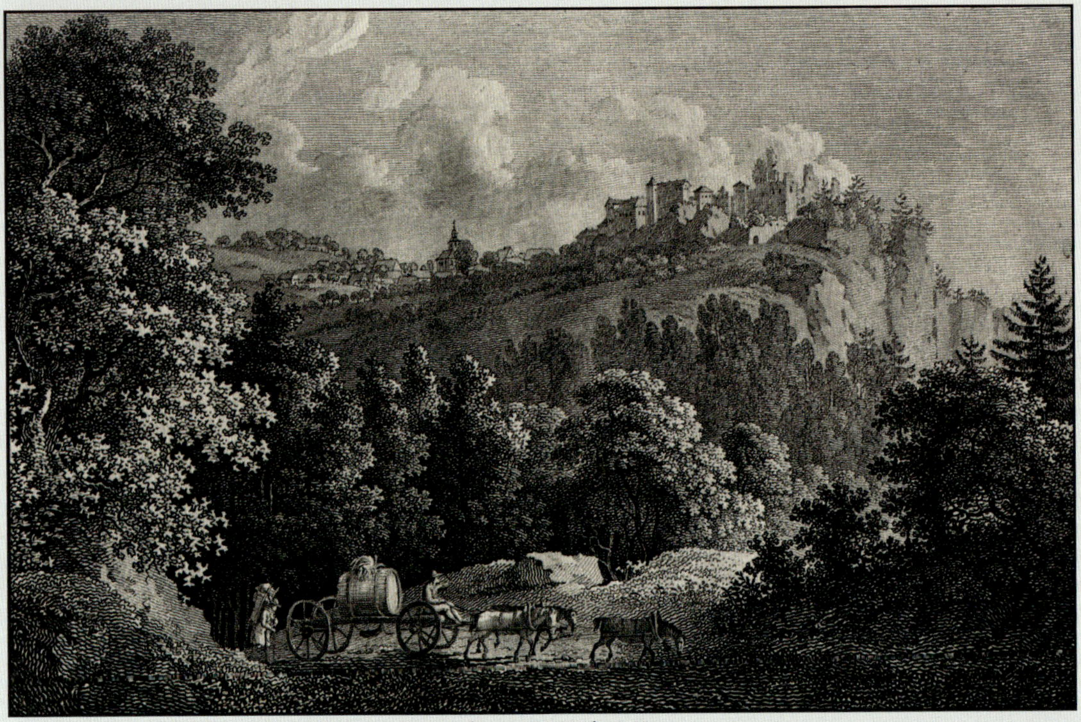

71 Johann Philipp Veith: Hohnstein von der Wartenbergstraße, um 1794, Stiftung Hasse

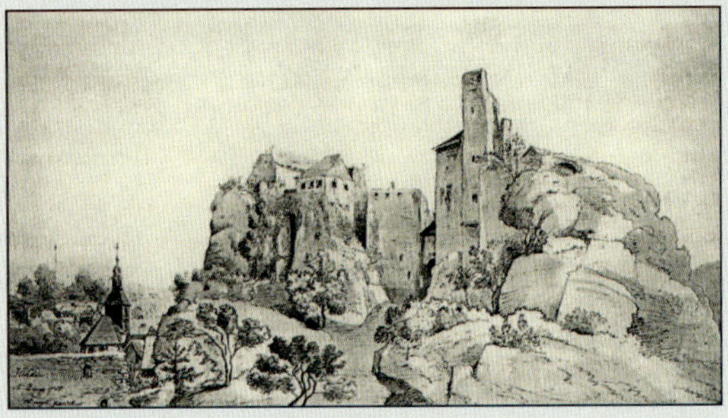

72 Adrian Zingg: Burg Hohnstein (Lichtdruck), 1766, Stiftung Hasse

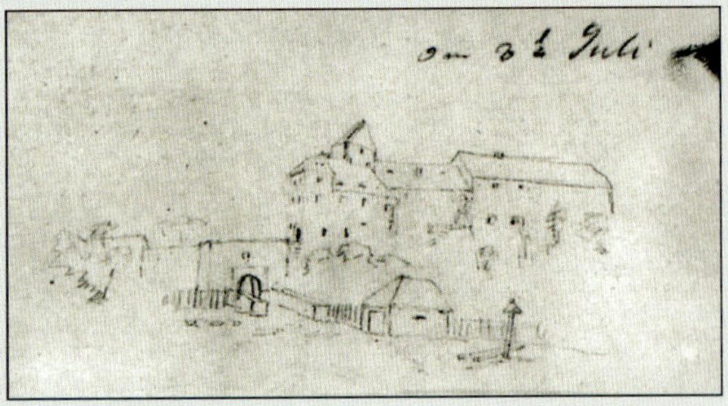

73 Caspar David Friedrich: Burg Hohnstein, 1800, Privatbesitz

In Hohnsteins wechselvolle Geschichte brachte der Fremdenverkehr einen gewissen Aufschwung. Im noch heute bestehenden Gasthaus „Zum Weißen Hirsch“ wurde übernachtet. Die Burg, die zum Teil Ruine war, bot von allen Seiten die malerischsten Motive. Der legendäre Bärengarten oder die Kaskade, ein kleiner Wasserfall am Neuweg, waren weitere Ziele.

Carl August Engelhardt (1794)

Ein dunkler Waldweg geht steil in das, zwischen dem Hohnsteiner Felsen und dem Wartenberg liegende Tal, durch welches sich der Polenzbach schlängelt. Zur Rechten scheint ein majestätischer Felsen, der Hockstein, gleich den Ruinen einer alten Veste, das Tal zu begränzen; zur Linken läuft es in vielfachen Krümmungen bis Stolpen fort, vor uns stellen sich auf einem senkrechten Felsen das Schloß Hohnstein mit seinen Ruinen, alten Schießscharten, zertrümmerten Mauern, die Kirche und einige andere Gebäude des Städtchens malerisch dar. Der Weg nach diesem läuft ziemlich steil den Berg hinan und ein müder Wanderer geräth bei jedem Schritte leicht in Versuchung sich heimlich (damit es ja kein Hohnsteiner Bürger höre) zu fragen, ob auch das Ziel des Ringens wert sei?

Conrad Gessner (1784)

Gestern kamen wir von einer kleinen Lustreise nach Hohenstein zurück. Wir wallfahreten unserer fünf Künstler dahin, nach der Natur zu zeichnen. Diese gebirgig-waldigte Gegend ist ein Paradies für Landschaftsmaler; jeder Tritt ist romantisch, malerisch oder interessant. Alle Augenblicke trifft man auf eine pittoreske Hütte oder Felsen oder auf einen schönen Baum; und die öftern Ruinen erhöhen noch mehr den Reiz dieser mannigfaltigen Abwechslungen. [...] Bald werde ich mit allen Malergerätschaften in diese Gegend hinziehen, um nach der Natur zu malen.

74
Adrian Zingg:
Hohnstein, 1784,
SKD, Kupferstichkabinett

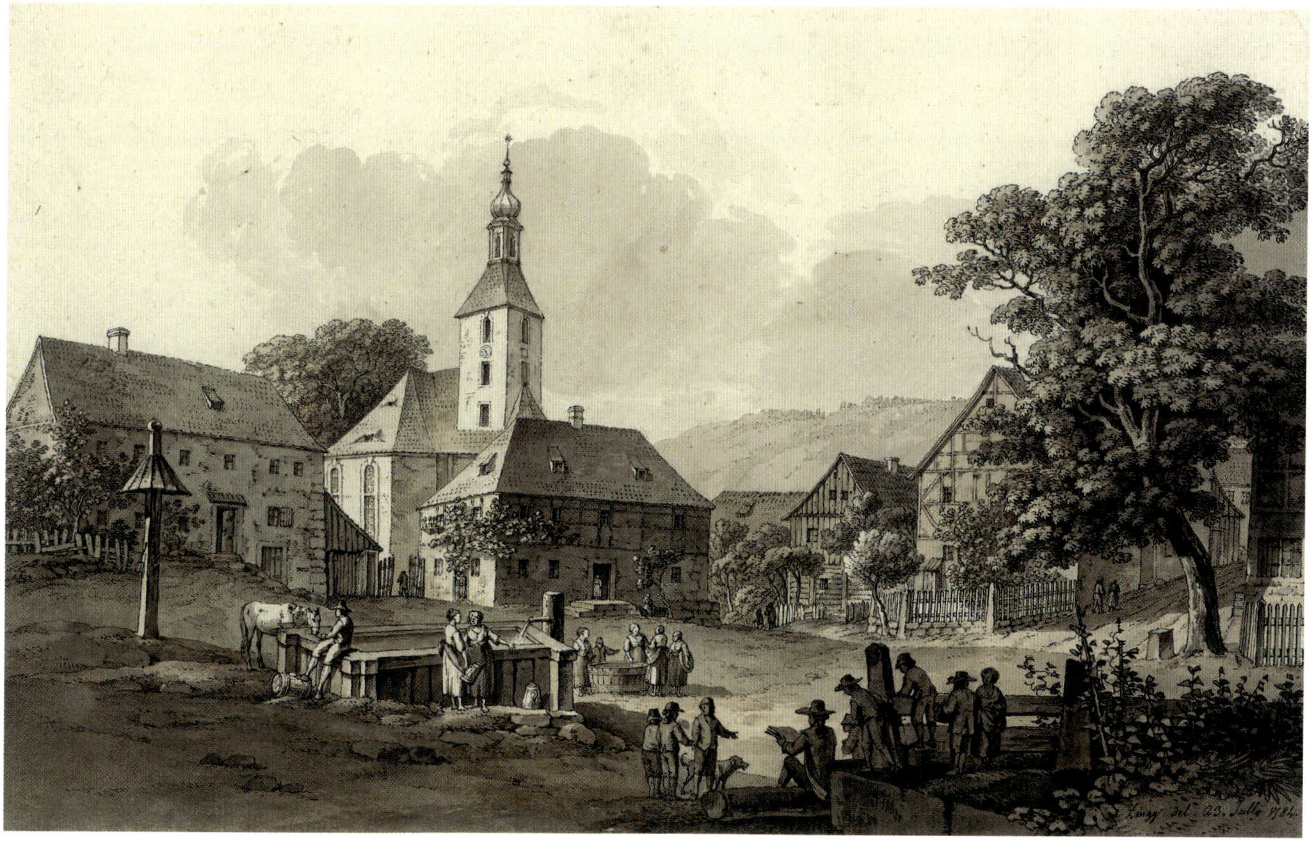

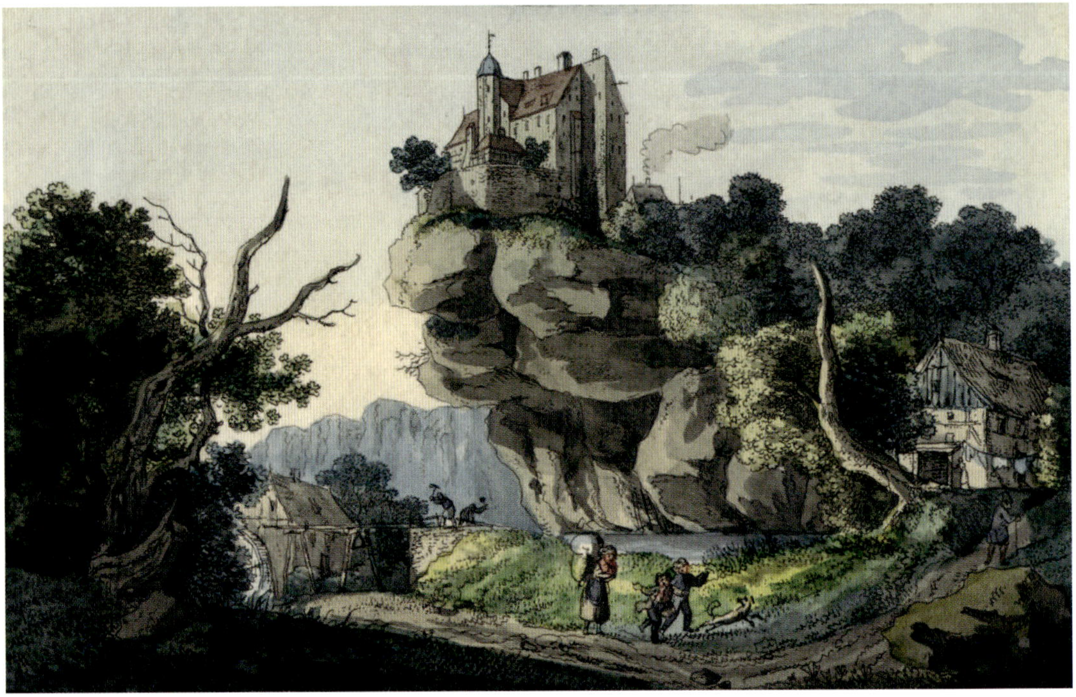

75
Johann Carl August Richter:
Schloß Hohnstein,
Anfang 19. Jhd.,
Stiftung Hasse

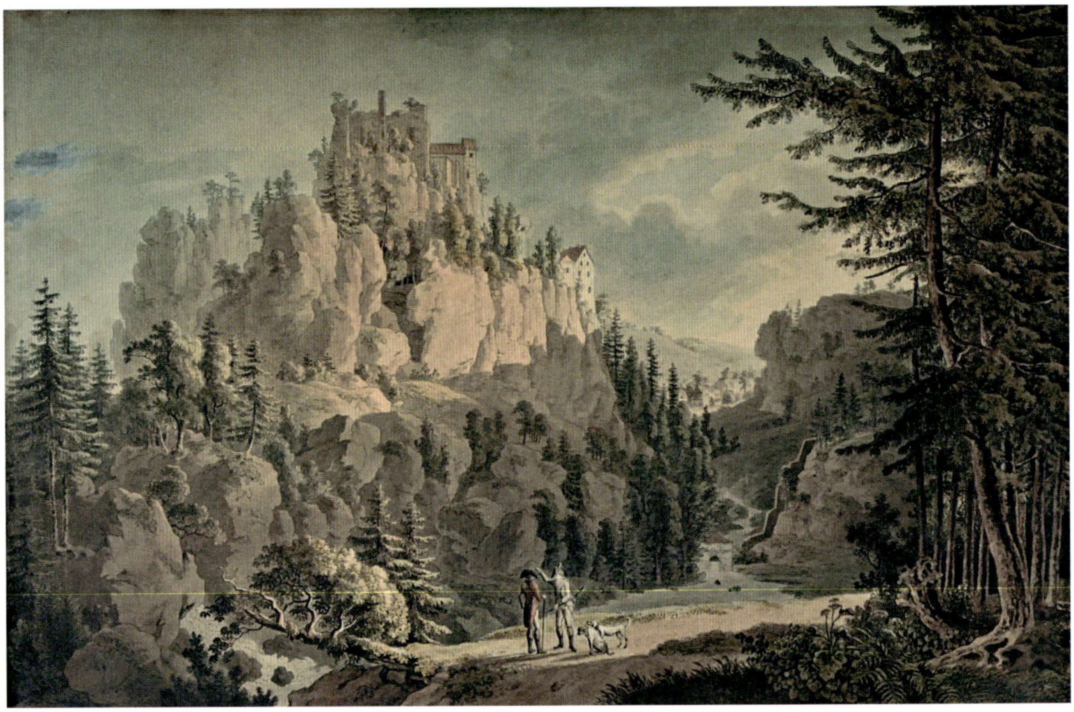

76
Johann Friedrich Wizani:
Schloß Hohnstein,
um 1800,
Privatsammlung

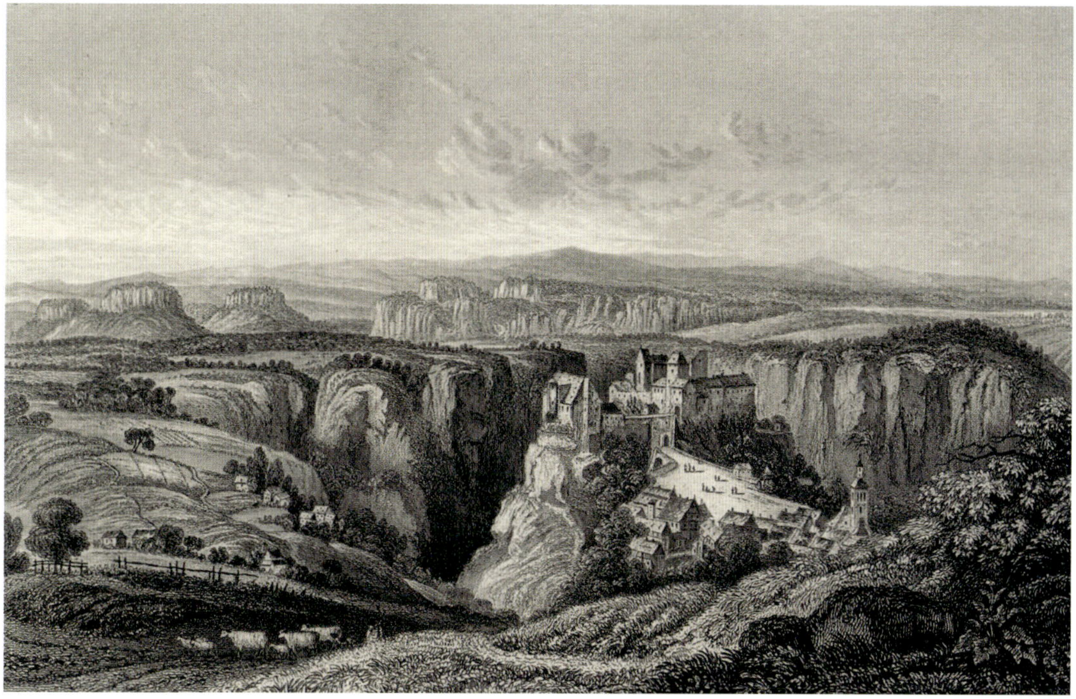

77
Anonym nach Ludwig Richter:
Hohnstein, 1. Hälfte 19. Jhd.,
Stiftung Hasse

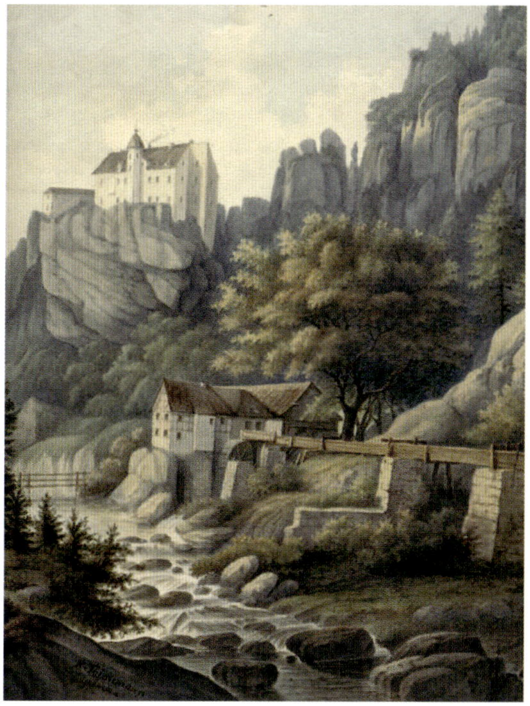

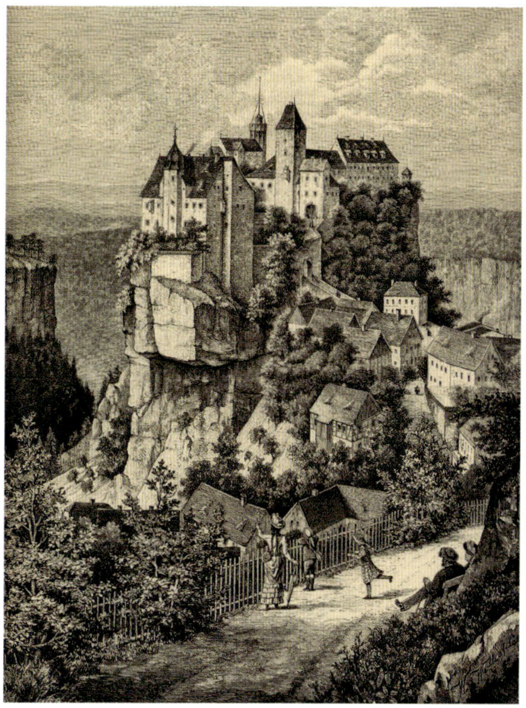

78 *(links)*
K. Thienemann:
Schloß Hohnstein,
Mitte 19. Jhd.,
Stiftung Hasse

79 *(rechts)*
Wilhelm Wollschläger:
Schloß Hohnstein, 1886,
Stiftung Hasse

11
Brandaussicht und Tiefer Grund

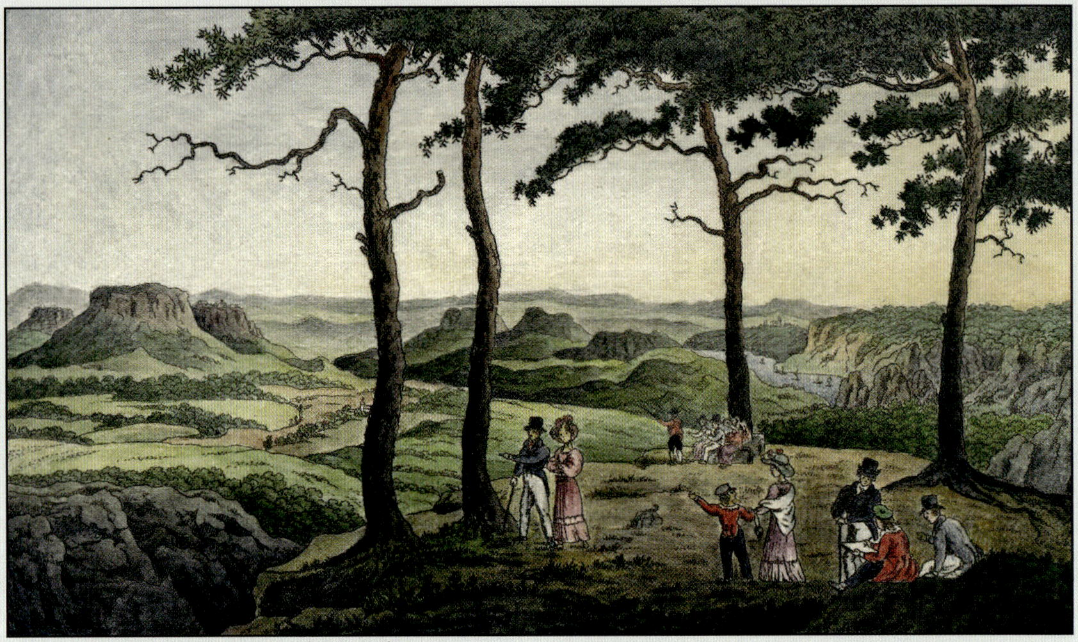

80 Ludwig Richter: Aussicht vom Brand, 1821, Stiftung Hasse

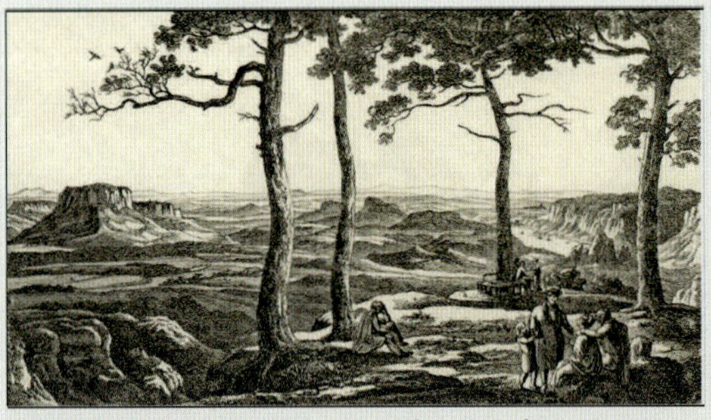

81 Ludwig Richter: Aussicht vom Brand, 1823, Stiftung Hasse

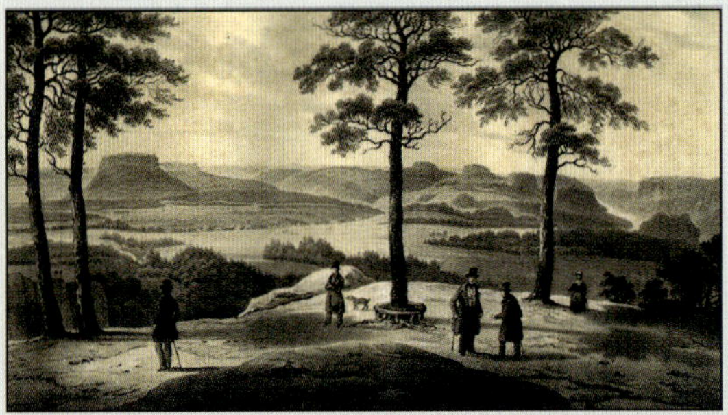

82 Bürger/Arldt: Aussicht vom Brand, um 1870, Stiftung Hasse

Die Brandaussicht ist nahezu ebenso beliebt wie die Basteiaussicht, obwohl hier die Elbe fehlt. Das weite Panorama ist wahrlich überwältigend. Der Weg von Hohnstein durch den abwechslungsreichen Mischwald ist bequem. Der Tiefe Grund, zu dem heute meist über die Brandstufen abgestiegen wird, hat mit dem Bau der Fahrstraße Ende des 19. Jahrhunderts nahezu alles von seiner Wildheit eingebüßt. Die historischen Ansichten vermitteln ein Landschaftsbild, das sich unserer Vorstellung entzieht, und zeigen, wie sich Landschaft verändert.

Carl Heinrich Nicolai (1801)

Nicht so gar weit von hier ist ein Ort, der der Brand heißt; da muß der Weg nun hingehen. Das ist wieder so eine Felsspitze am Rande eines tiefen Tales. Ihren Namen soll sie daher haben, daß man verschiedene Male die Heide auf derselben brennend gefunden hat. Was man hier mit einem Male alles übersieht, das kann die stärkste Beredsamkeit so wenig schildern als die Empfindungen auf der Bastei.

Carl Julius Hofmann (1842)

Das Grausige und Schauerliche ist hier in der schönen malerischen Darstellung zurückgetreten und das Auge wird an den sanften und anmuthigen Bildern erfreut und gestärkt. Unter mehreren künstlichen Anlagen dieses Punktes befindet sich eine recht idyllisch gelegene Einsiedelei, in welcher Scheiben von allerlei buntem Glase angebracht sind. Etwas mit Schaudern zwar weilt man an der Stelle, wo eine kleine Brücke über eine tiefe Schlucht zu bemeldeter Einsiedelei führt.

Carl von Voß (1822)

Oben angelangt, mußten wir auf der Bergfläche [...] wieder etwas zurück gehen, bis wir endlich an dem Felsenabgrunde standen, der in einer langen Ausdehnung zur Rechten wie zur Linken nach dem 800 Fuß tief unter uns fließenden Polenzbache senkrecht abstürzt. An dieser Stelle befindet sich unter Fichtenbäumen ein niedliches kleines Hüttchen mit Blumenbeeten davor, in der Nähe eine Einsiedeley und mehrere andere Anlagen, welche die Reisenden dem Herrn v. Carlowitz, einem Forstbediensteten in Hohnstein, verdanken. Die Aussicht hat sehr viel Ähnlichkeit mit der von der Bastey und steht ihr, meinem Urtheile zufolge, wenig nach. Man entbehrt freylich den Anblick der majestätischen Elbe in der Nähe, aber statt dieser schlängeln sich am Fuße der Felsenwand die breiten Wiesen des Polenzthales entlang, und ihr saftiges Grün leuchtet im Kontrast mit dem sie einschließenden Nadelgehölz ungemein freundlich und dem Auge wohlthuend herauf.

83 (*links*)
J. C. A. Richter:
Auf dem vom Brand (Ausschnitt), Mitte 19. Jhd., Privatbesitz

84 (*rechts*)
C. A. Richter:
Auf dem vom Brand, 1818, Stiftung Hasse

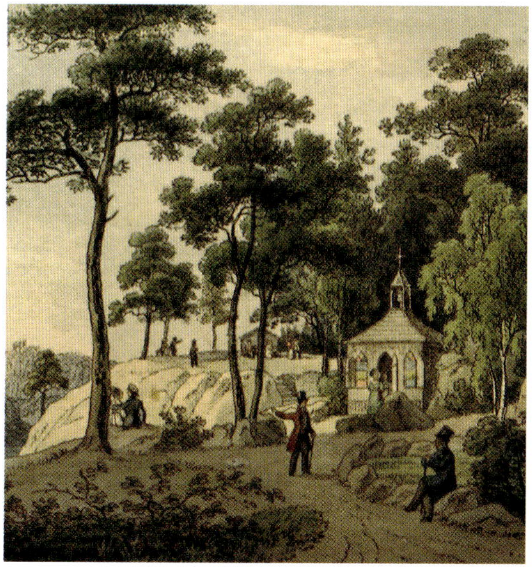

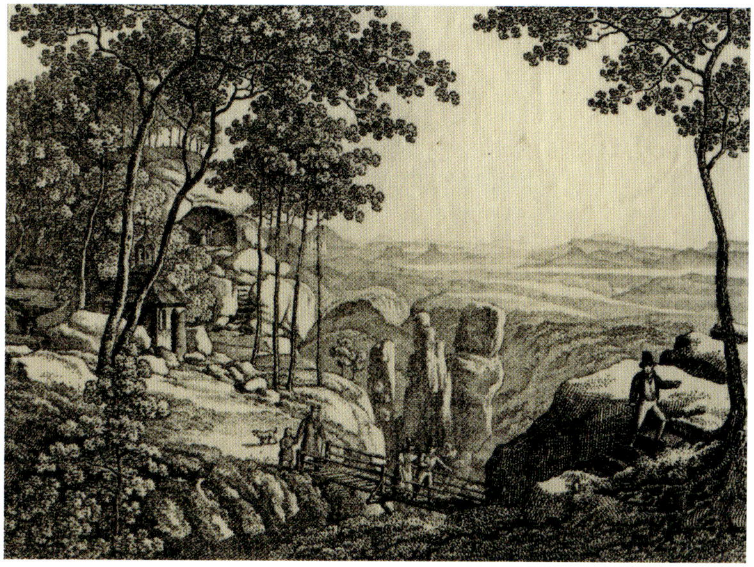

Carl von Voß (1822)

Dieser Tiefe Grund hat ganz besondere Schönheiten aufzuweisen, die ihn dem Amselgrund fast gleichstellen. Eine Felsenöffnung, aus welcher das Wasser hervorströmte, gefiel mir so sehr, daß ich wohl eine Stunde davor verweilte, um sie zu zeichnen. Gleich daneben sind zwey Sensen in den Felsen gemeißelt, um den Ort zu bezeichnen, wo vor 200 Jahren zwey Bauern in einem Duelle mit diesen sonst so friedlichen Werkzeugen auf dem Platze blieben.

Carl August Engelhardt (1795)

Zwei Felsenketten von mehr als hundert Ellen Höhe, die oft so dicht beisammen stehen, daß nur das Bette des Bachs und ein schmaler Steig für den Wandrer bleibt, bilden den sogenannten tiefen oder Schandauer Grund, durch welchen wir von Hohnstein aus wanderten. Die Felsen bestehen alle aus blendend weissem Sandsteine, zwischen und auf welchem die Tannen und Fichten pittoreske Schattierungen geben. Oft hängen große Wölbungen und Blöcke so weit über den Weg, daß man sich nicht ohne eine gewisse Ängstlichkeit darunter wegschleichen kann; und auf die obersten Höhen, ja bisweilen nur auf einen Vorsprung, hat die Natur Steinblöcke von den sonderbarsten Formen ganz frei hingelegt. Der Bach liegt voll der größten Steinklumpen, die nach und nach herabrollten und dem Wanderer die beständige Erinnerung zu geben scheinen, daß er sich vorsehen solle.
Eine halbe Stunde mochten wir so gegangen sein, da erweiterte sich zu unserer Freude das Thal; die Polenzbach strömte aus einem anderen Thale hervor und vereinigte sich nicht weit davon mit der Sebnitzbach. Sie heißet nun die Lachsbach und fällt bei Schandau in die Elbe.

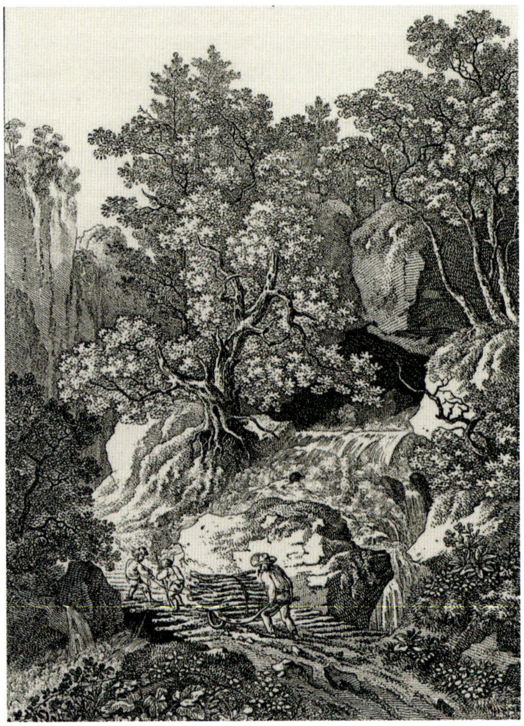

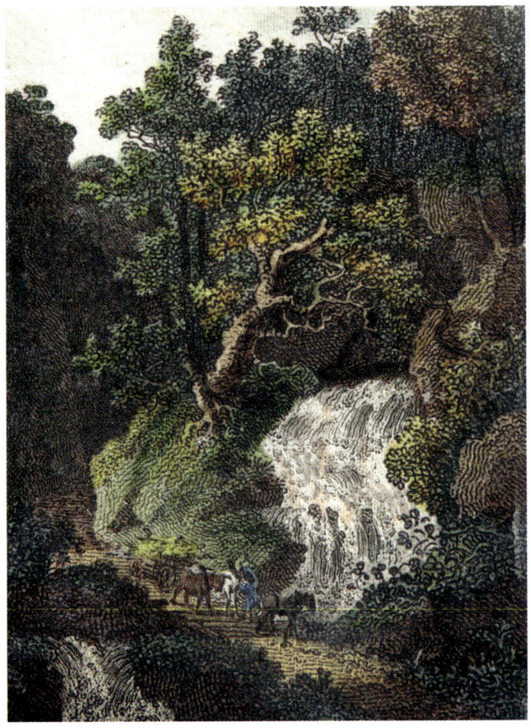

(links) **85**
Ludwig Richter:
Im Tiefen Grund, 1821
Stiftung Hasse

(rechts) **86**
Johann Adolph Darnstedt nach Adrian Zingg:
Kaskade im Tiefen Grund, um1800, Stiftung Hasse

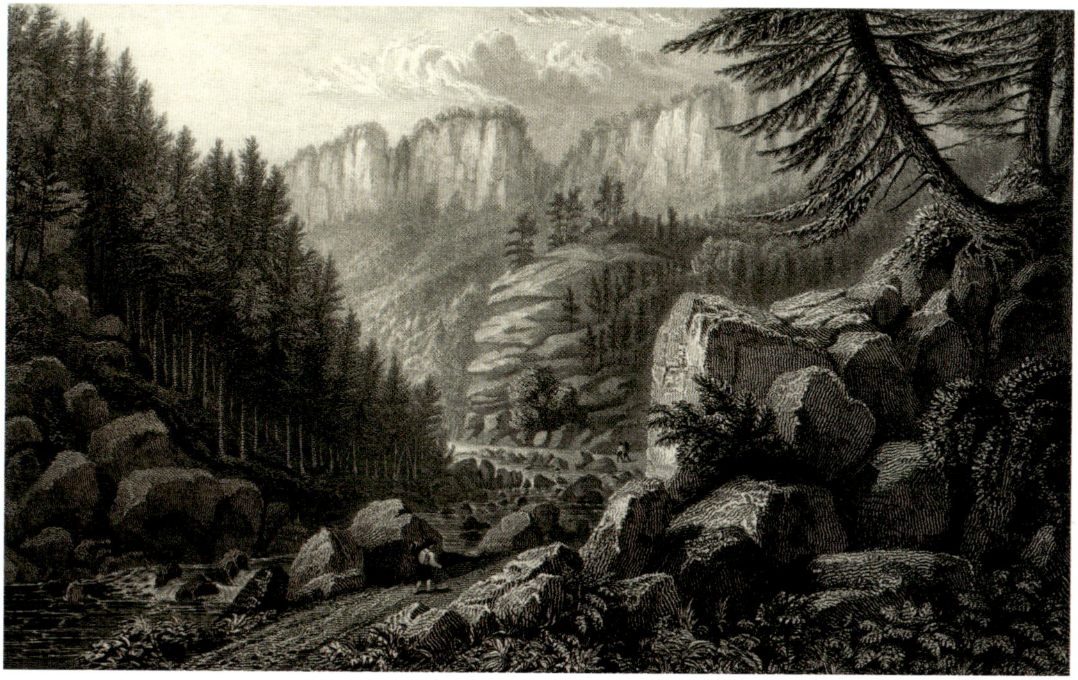

87
William le Petit nach Robert Batty: Im Tiefen Grund, 1827
Stiftung Hasse

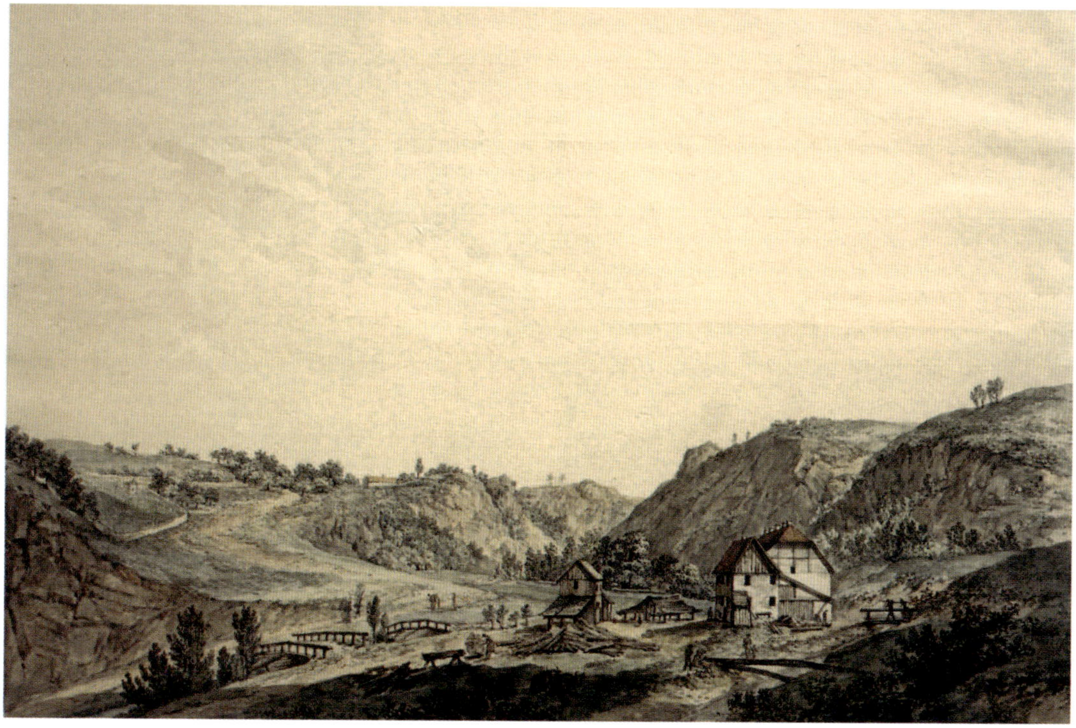

88
Johann Friedrich Ludwig Oeser: Im Tiefen Grund bei Schandau, Ende 18. Jahrhundert, SKD, Kupferstichkabinett

12/13
Prossen und Schandau

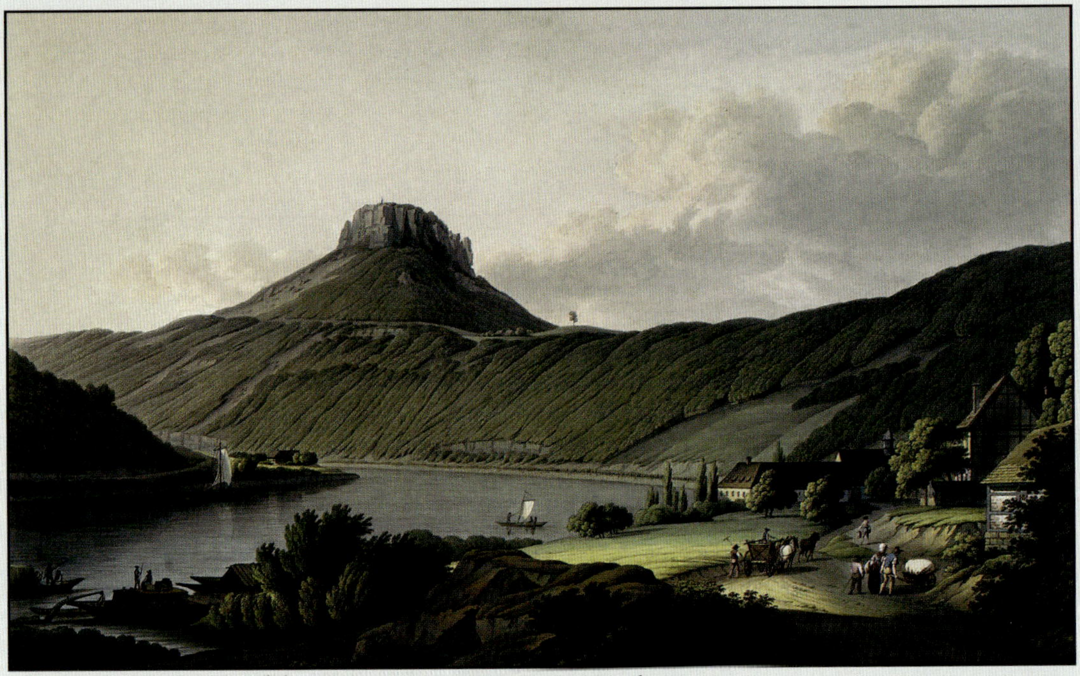

89 Christian Gottlob Hammer: Blick zum Lilienstein von Prossen, um 1810, Privatbesitz

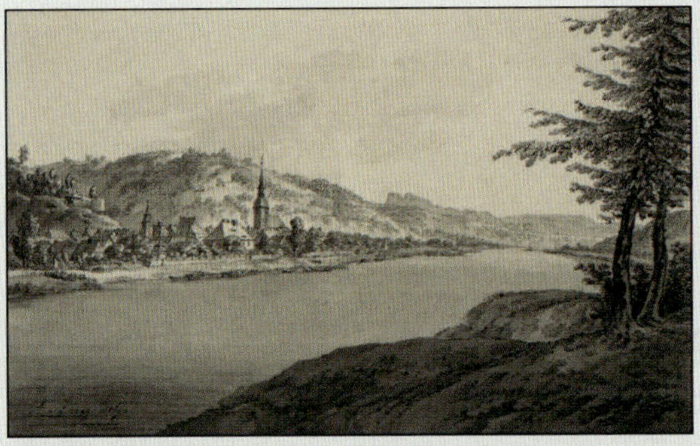

90 Adrian Zingg: Schandau, um 1800, Stiftung Hasse

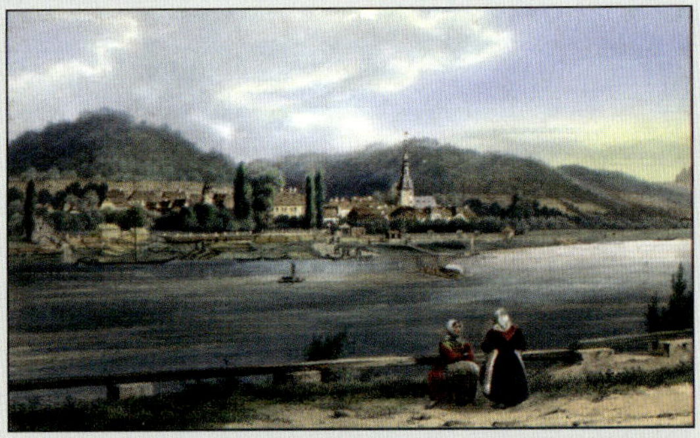

91 Eduard Lütke: Schandau, Mitte 19. Jhd., Stiftung Hasse

Bevor Schandau erreicht wurde, verhielten die Schweizreisenden erst einmal in Wendischfähre und Prossen. Das freundliche weite Elbtal mit dem überraschenden Liliensteinblick war der Grund. In Schandau wurde dann übernachtet und meist unternahm man von hier aus Abstecher in die nähere Umgebung, wie auf die Ostrauer Scheibe, in die Schrammsteinkette oder hinüber nach Krippen. Dann erst wurde die übliche Route durchs Kirnitzschtal fortgesetzt.

Carl Heinrich Nicolai (1801)

Nun ist man nicht mehr weit von dem Dörfchen Wendischfähre, das eine Viertelstunde vor Schandau liegt. Am Ende des Dorfes hat man das Städtchen gerade vor sich und hinter sich eine auffallende Aussicht des prächtigen Liliensteins. Dieser Fels zeigt sich hier von seiner östlichen Seite, von welcher man ihn auf dieser Reise noch nicht hat sehen können.

Ysop Lafleur (1798)

Sonnenuntergang bei Prossen: Hinunterwärts aber streckte, dicht neben dem wallenden Feuermeere in seiner ganzen Majestät, der hohe Lilienstein sein dunkles Haupt, wie ein ungeheures Trauerdenkmal, in die Wolken empor.

Carl Heinrich Nicolai (1801)

Schandau ist ein altes und kleines Städtchen, ist aber wohl gebaut und hat eine angenehme Lage. Es liegt in einem anmutigen Tal hart an der Elbe und hat an der Mitternachtsseite eine hohe Mauer von einer Bergkette, die mit Fichten und Tannen reichlich besetzt ist. An der Südseite fließt die Elbe und ein Spaziergang an derselben ist sehr ergötzend. Nach Westen zu wandelt man durch Wiesen, Kraut- und Obstgärten und hat die malerische Aussicht über Wendischfähre und Prossen nach jenem gerühmten Lilienstein. Ostwärts sieht man jenseits der Elbe das Dorf Krippen, und gerade vor sich schließt über Postelwitz und die Steinbrüche hinweg der Große Winterberg den Gesichtskreis. Der Boden ist sehr fruchtbar, und wo man hinsieht, ist alles voller Anmut. Die Stadt hat viele schöne Häuser, und der Marktplatz fällt vorzüglich auf. Fremde finden nunmehr auch einen Gasthof hier, wo sie herbergen können.

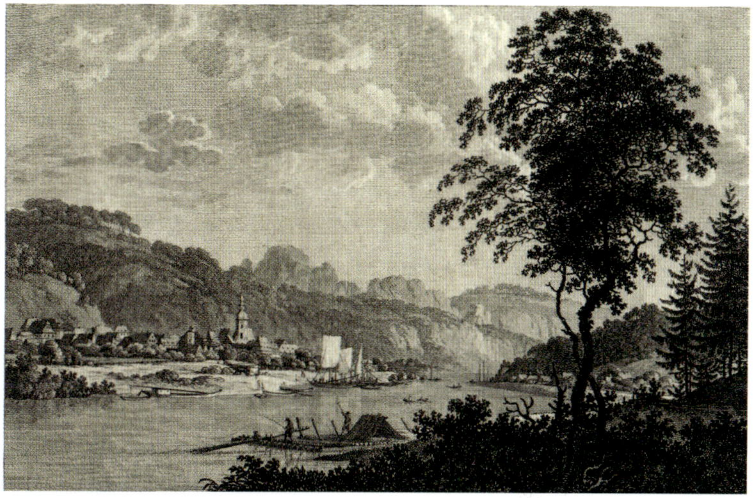

92
Johann Philipp Veith:
Schandau, um 1794,
Stiftung Hasse

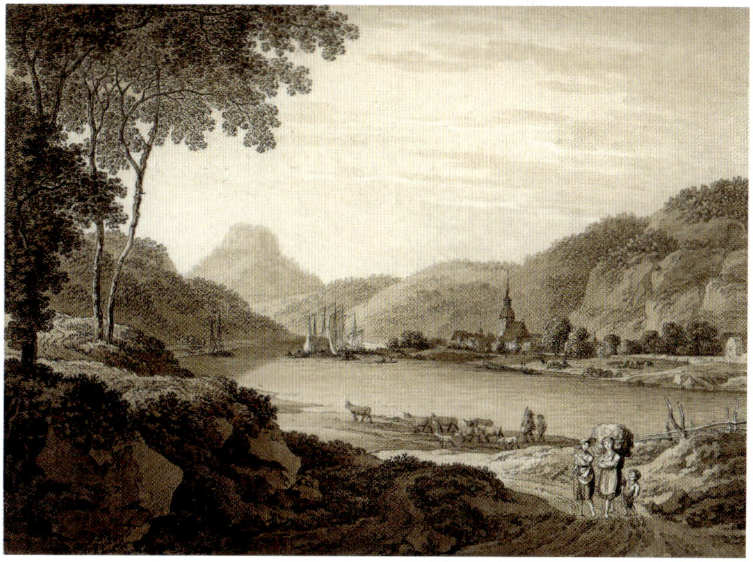

93
Adrian Zingg (Werkstatt):
Schandau mit Lilienstein,
Anfang 19. Jhd., Stiftung Hasse

ALBINA (1818)

Auch wählten wir uns in Schandaus friedlichen Wohnungen einen Ruheplatz, wohin wir nach unseren künftigen Streifereien in die östlichen Felsengegenden noch oft zurückkehren: Ist bei unserer Ankunft die Sonne noch nicht zu tief gesunken, so haben wir noch einige Stunden übrig, die nächsten Umgebungen zu besuchen, da wir die Wanderung in das benachbarte Berg- und Felsenland erst mit Anbruche des folgenden Tages antreten.

Wir folgen dem Zahnsgrund, an dessen Ausgang wir an der einen Seite Sandsteinbrüche, auf der anderen die Rebengärten von Postelwitz erblicken. Jene Brüche, die zu den ergiebigsten in Sachsen gehören, liefern feinkörnige, veste Steine, die zu allerlei Gebrauche passen.

Carl von Voß (1822)

Die Ostrauer Scheibe, eine ausgedehnte Feldebene, die das Dorf Ostrau umgibt. Die Elbe hatte sich nun unseren Blicken entzogen, dafür eröffnete sich eine weite Aussicht auf Wälder und Felsen. Zunächst erhoben sich die Felsenzacken der Schrammsteine und der etwas abgesondert stehende Felsenthurm des Falkensteins. Über diese hinaus ragte der große Winterberg mit seinen Wänden, weiter rechts der Rosenberg, der Kahle Stein, der Zirkelstein, der Schneeberg, der Zschirnstein, der Papststein, hinter uns lagen der Pfaffenstein, der Königstein und der Lilienstein. Der Borsberg bezeichnete in weiter Ferne die Gegend von Dresden.

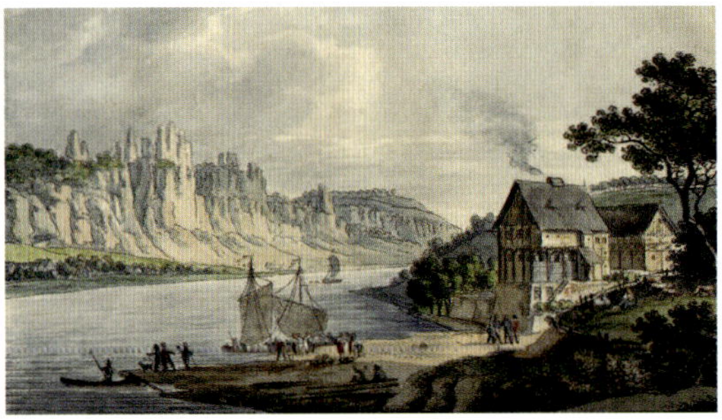

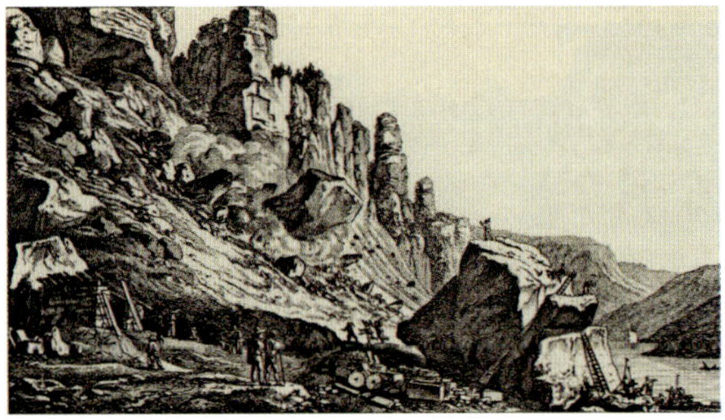

94
Anonym nach J. G. Jentzsch: Krippen mit Blick gegen die Schrammsteine, Anfang 19. Jhd., Stiftung Hasse

95
Ludwig Richter: Steinbrüche bei Postelwitz, 1823, Stiftung Hasse

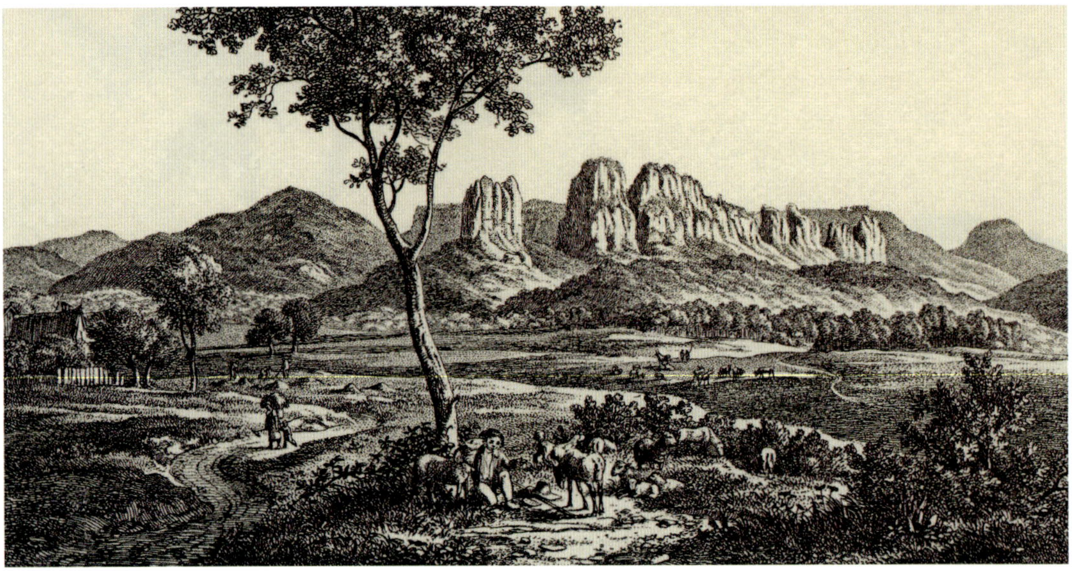

96
Ludwig Richter: Schrammsteine von Ostrau, 1823, Stiftung Hasse

14
Kirnitzschtal

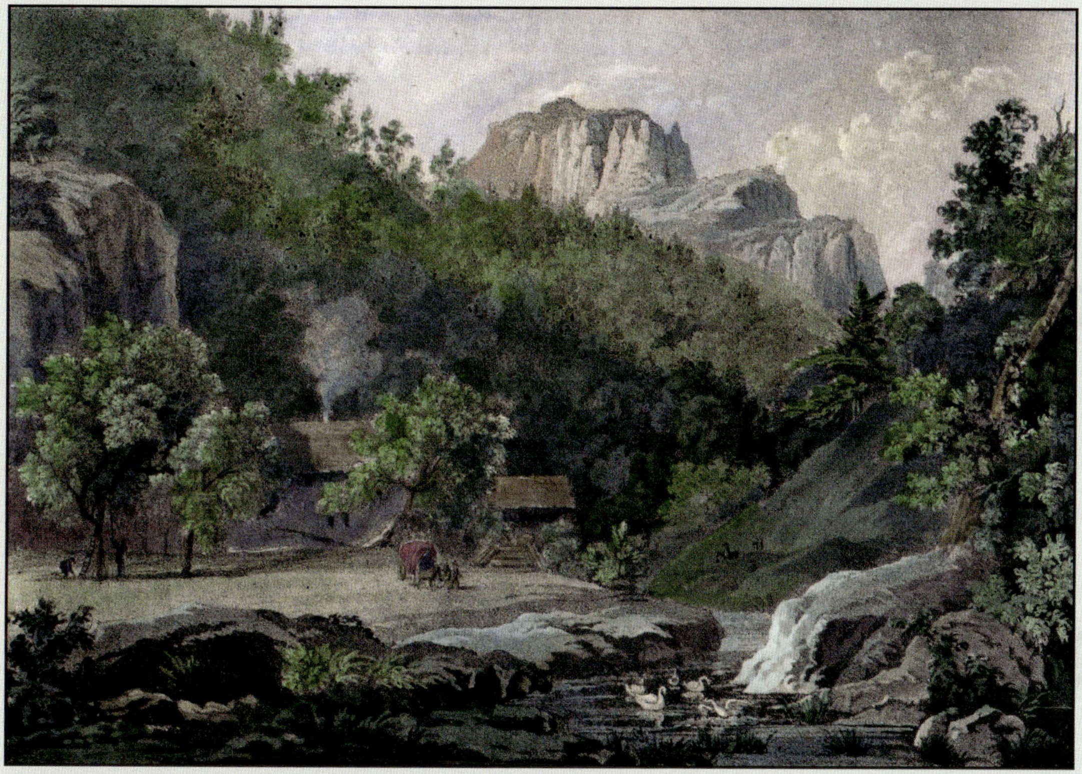

97 Adolf Friedrich Kunike: Heidemühle im Kirnitzschtal, 1825, Stiftung Hasse

Bis 1825 gab es nur einen Fußweg durchs Kirnitzschtal, das unmittelbar hinter Schandau den Besucher in die „eigentliche Sächsische Schweiz“ führt, als ob alles Gesehene und Erlebte nichts gegen das Kommende sei, so zumindest der Tenor vieler alter Reisebeschreibungen. Im Kirnitzschtal wechseln sich wilde Felspartien (Sandstein) und liebliche Talweitungen mit Wiesen (Granit) und mehreren Mühlen ab. Die Mühlen luden die Schweizreisenden zur Einkehr ein. Einige entwickelten sich zu ansehnlichen Gasthäusern, die noch heute existieren. Ein Anziehungspunkt war der Lichtenhainer Wasserfall, der früher der „Große Wasserfall“ hieß und künstlich betrieben wurde. Durch ein Hochwasser 2021 wurde er stark in Mitleidenschaft gezogen. Am Lichtenhainer Wasserfall konnten im 19. Jahrhundert Sesselträger und Wanderführer engagiert, sowie Saumtiere gemietet werden.

Carl Heinrich Nicolai (1801)

Wir könnten von Schandau aus immer an der Elbe hin zuerst auf den Großen Winterberg gehen; da wären wir in zwei Stunden oben. Aber um den tiefen Eindruck, den die ganz dahinreißende Aussicht auf diesen Berg gibt, zuletzt zu haben, stärker zu empfinden und länger zu behalten, wollen wir es umkehren und gerade auf den Kuhstall losgehen. Der nächste und angenehmste Weg dahin ist am Kirnitzschbach.

Carl von Voß (1822)

Endlich um zehn Uhr ließ der Regen nach, und wir wanderten auf gut Glück mit einem Boten und seiner schwer bepackten Gehilfin, die uns in einem Korbe mehrere aus Dresden mitgenommene Flaschen Bischof sowie konfisantere Nahrungsmittel nachtrug, das Kirnitzschthal hinauf.
Der Regen hatte die ganze Natur erfrischt und stäubte nur noch fein herab, so daß wir uns leicht durch Schirme dagegen sichern konnten, und bald wurden auch diese überflüssig. Den hellen Kirnitzschbach zur Seite und ihn oft auf malerischen kleinen Brücken überschreitend, gelangten wir zur höchst idyllisch gelegenen Ostrauer Mühle, neben welcher ein kleines Försterhäuschen, mit einem Hirschgeweih geziert, uns unter hohen Rosenbäumen anlächelte.

Ysop Lafleur (1798)

Der erste und unterste Teil des Thales war wohl bergigt und felsigt, aber für uns, nach der Menge von Bildern dieser Art, die wir nun schon gehabt hatten, so interessant eben nicht. Nach einer halben Stunde etwa kam es aber besser, zwar nicht von Nr. 1, wie wir es wohl die beiden anderen Tage mitunter gehabt hatten, aber doch immer wild und schön genug, daß wir würden viel Spektakel davon gemacht haben, wenn wir´s acht und vierzig Stunden früher gesehen hätten.
[Am Großen Wasserfall] wir gingen wieder links über den Bach und kamen dann bald an eine kleine, recht frische grünende Wiese, die wegen ihrer hohen Einfassungen doppelt angenehm aussah. Diese Wiese war ein Wolf im Schafspelz. Wir mußten über sie hingehen, um abermals einen kleinen Wasserfall zu betrachten; aber auf dem Weg hin und zurück machten wir selbst, fast auf jedem Tritte, mit den Pumpwerken unserer Füße einen neuen kleinen Wasserfall, manchmal auch eine aufspritzende Fontäne.

98
Anonym:
Gasthaus am Lichtenhainer Wasserfall, um 1830, Stiftung Hasse

99
Wilhelm G. Bleichroth:
Im Kirnitzschtal, um 1800, Stiftung Hasse

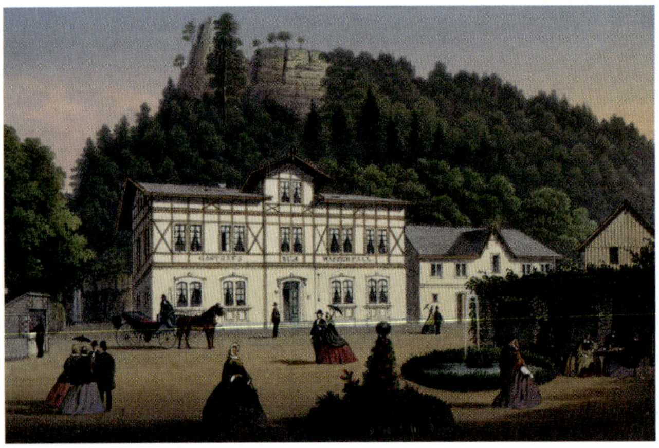

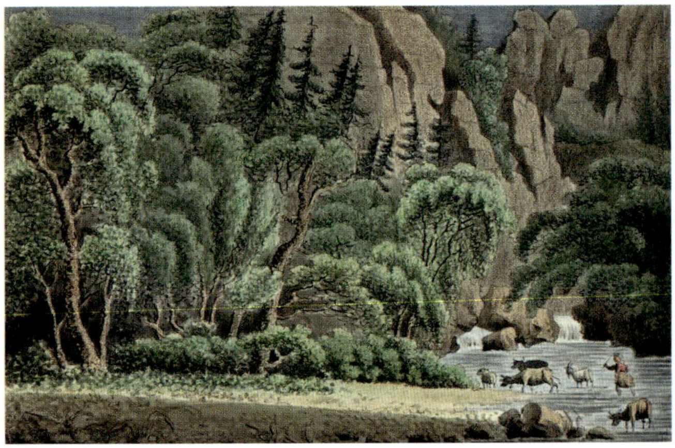

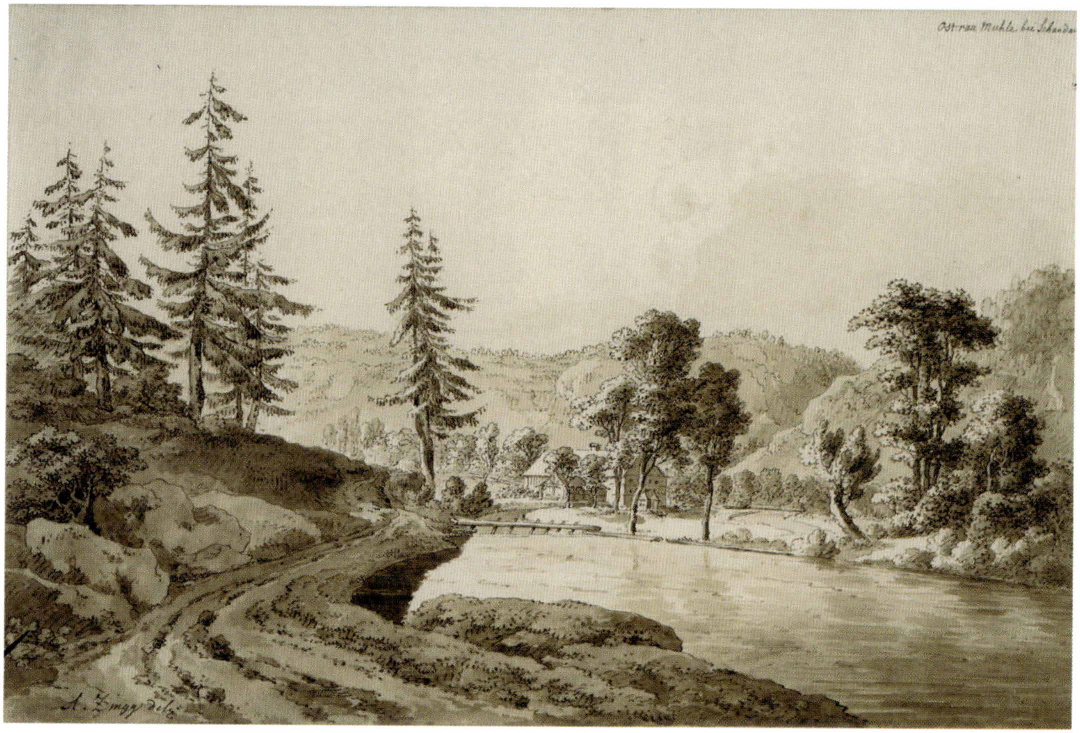

100
Adrian Zingg:
Ostrauer Mühle im Kirnitzschtal, um 1780, Nürnberg, Germanisches Nationalmuseum

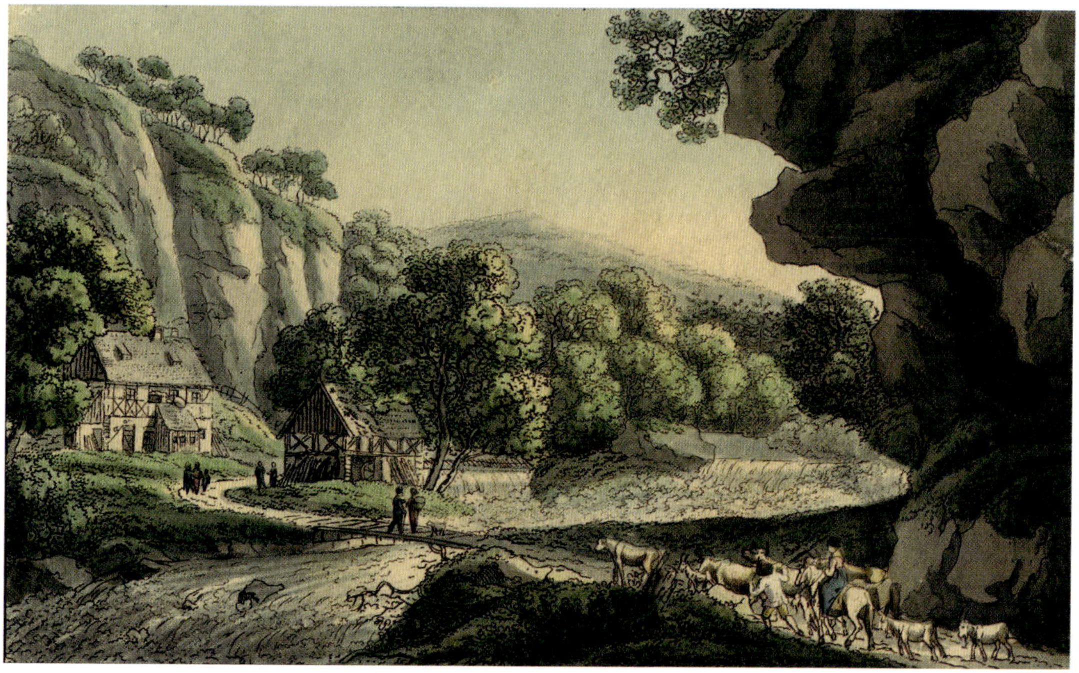

101
Carl August Richter:
Puttrichs Mühle im Kirnitzschtal, Anfang 19. Jhd., Stiftung Hasse

15
Kuhstallhöhle

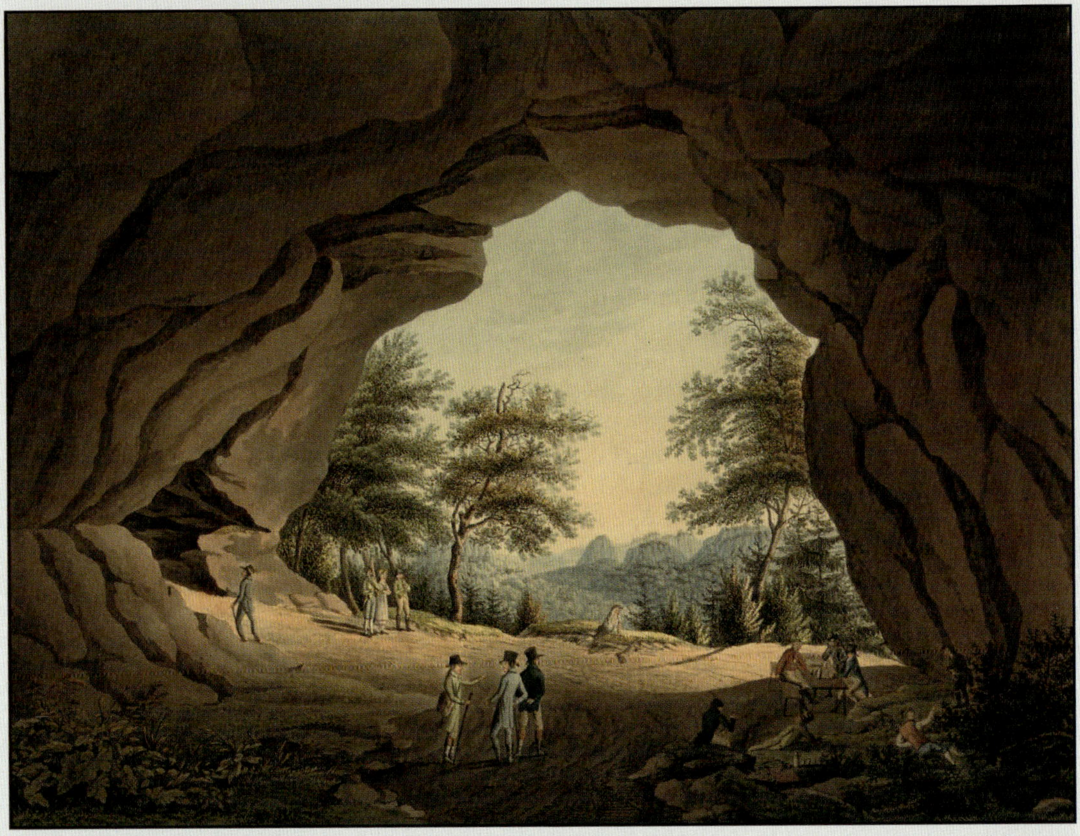

102 Johann Carl August Richter: Kuhstallhöhle, Anfang 19. Jhd., Stiftung Hasse

Die gewaltige Schichtfugenhöhle ist ein Naturphänomen. Als „Schöpfung der Natur" übersteigt sie alle unsere Vorstellungen. Seit Anbeginn hat dieser Ort seine Besucher in den Bann gezogen. Die Maler fanden mit dieser Höhle hier in der Natur, was sie als Idealvorstellung schon lange in sich trugen. Beim genaueren Betrachten finden sich hier auch noch Spuren einer Felsenburg aus dem 15. Jahrhundert. Im 30-jährigen Krieg versteckten sich hier die Menschen der nahen Dörfer mit ihrem Vieh. Die „Wildensteiner Felsenhalle", wie Pastor Götzinger lieber die Höhle benannt wissen wollte, war – und ist es wohl noch – ein mythischer Ort.

Hans Christian Andersen (1831)

Ein breiter Fahrweg, der zwischen grünen Waldungen sich an einem kleinen Fluß hinschlängelte, führte uns in die wilde Felsgegend hinein. Die Damen wurden nun in Tragstühlen den Felspfad hinangetragen, wir andern trugen uns selbst, und so langten wir ungefähr um dieselbe Zeit am Ziel unserer heutigen Wanderung an.

Eine hohe, gewölbte Felsöffnung lag vor uns. Es war der Kuhstall. Er sieht im ersten Augenblick aus, als sei er von Menschenhänden aufgeführt; aber wenn man die stolze Masse näher betrachtet, da fühlt man, daß nur die Natur einen solchen Riesenbau ausführen kann. Im Dreißigjährigen Kriege sollen die Bewohner der Umgegend hier einen Zufluchtsort gefunden haben; hier versteckten sie namentlich einen großen Teil ihres Viehes, woher auch der Name gekommen sein mag. Es fing an zu regnen, aber wir saßen trocken unter dem Portal, während sich ein prächtiger Regenbogen über den Waldungen und zwischen den umherstehenden Felsen ausspannte. [...] Ein alter Mann in einem grauen, abgenutzten Rock saß auf einem Felsblock am Eingange der Halle und spielte uns etwas vor; mehrere Saiten auf seiner Harfe waren gesprungen, eine Dissonanz folgte der andern; sah man aber den alten Mann an, dessen Leben gewiß auch diesem Harfenspiel glich, da kam wieder Harmonie in das Ganze. Die Dissonanzen lösten sich in meinem Herzen in Wehmut auf.

Carl von Voß (1822)

Ehe ich diese Halle betrat, ergötzte ich mich, vor dem Eingange verweilend, an ihrem Anblick, der einem Gemälde glich. In dem weiten, ganz trockenen und durch verschiedene Steinlagen mannigfaltig gefärbten Gewölbe hauste die Familie eines Einwohners von Lichtenhain, der sich hier für den Sommer zur Bewirthung der Reisenden angesiedelt hat. Zwey Harfenspieler empfingen uns mit einem feyerlichen Marsch. Außer unserer Gesellschaft hielten sich noch andere Reisende darin auf, aber alle diese Personen, wohl zwanzig an der Zahl, verloren sich fast ganz in dem ausgedehnten Räume. An den Wänden waren lange Tische und Bänke aufgestellt, und das Hausgeräth des Wirthes lag bunt durcheinander. Derselbe war mit seiner Familie um den Herd an der rechten Seitenwand beschäftigt, auf welchem ein helles Feuer flackerte, während der Rauch in schwarzen Wolken durch den natürlichen Schornstein abzog. Über diese Scene im Vordergrund hinweg sah man durch die dahinterliegende Öffnung in die waldige und felsige Ferne, die, von den Strahlen der Sonne beleuchtet, wunderbar gegen den dunklen Rahmen des sie umfassenden Felsenthors abstach und nur wenig durch einige Fichten verdeckt wurde, die am Geländer über dem tiefen Abgrund schwankten.

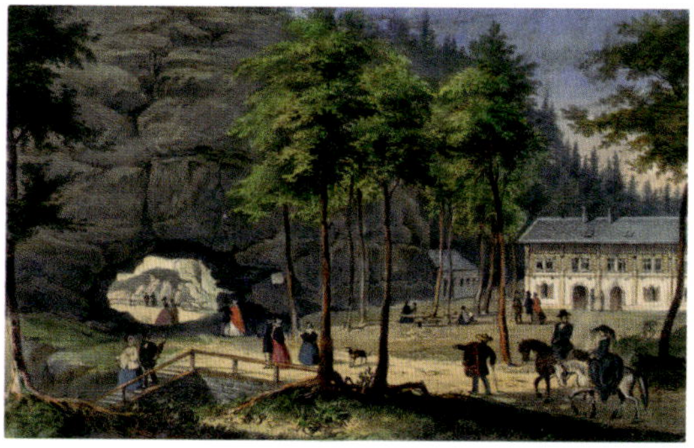

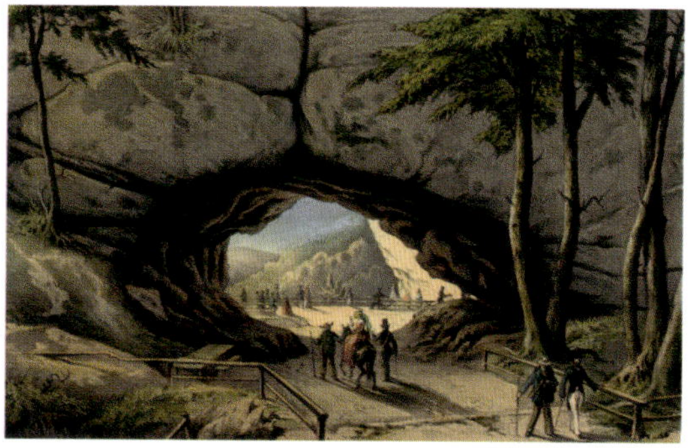

103 *(links)*
Anonym:
Kuhstallhöhle mit Gasthaus, Mitte 19. Jhd., Stiftung Hasse

104 *(rechts)*
Anonym:
Kuhstallhöhle, Mitte 19. Jhd., Stiftung Hasse

Carl August Engelhardt (1794)

In der linken Seite des Gewölbes ist ein dreizehn Schritte langer Felsengang, der nur Mannshöhe und nach dem Abgrunde zu eine zwei Schuhe weite Öffnung hat. Unser Wegweiser sprach uns nun Muth und Kletterkräfte ein, wenn wir ihm folgen wollten, und führte uns durch diesen Felsengang auf einem so schmalen und dem Abgrunde so nahen Wege, daß beständig nur ein Schritt zwischen Leben und Tod war, über glattes Moos und Nadelholz zu einer fürchterlichen Schlucht. Der ganze Felsen ist hier von oben gespalten und das Tageslicht scheint nur düster zwischen die schauerlichen Wände, die so dicht beisammen stehen, daß man sich auf die Seite drehen muß, um sich durchzuwinden. Der Weg geht beinahe senkrecht und war noch dazu durch den Regen des vorigen Tages, durch altes Moos und verfaulte Blätter so glitschrig, daß wir kaum fußen konnten. „Nun nehmen Sie sich fein in Acht! und klammern Sie sich nur immer mit Händen und Beinen an die Wände, denn anhalten können Sie sich nicht – wenn Sie einmal rutschen, sind Sie verloren." So sprach uns der Kerl, der uns führte, abermals Muth ein und kroch voran. Neugierde sieht nur ihre Befriedigung, nicht die Gefahr. Wir folgten – Im Anfange giengs gut, denn da war der Weg noch weit genug, um gerade vor sich hin steigen zu können, auch nicht gar zu steil. Aber kaum waren wir zwanzig Schritte geklettert, da ward die Schlucht so enge, daß wir uns auf die Seite drehen mußten, und Falze und Löcher zum Anhalten, wovon Herr Pastor Götzinger spricht, fanden vielleicht nur wir nicht. Ich verlor meinen Stock, mit ihm die Festigkeit des Tritts und meinen ganzen Muth, rutschte einige Ellen zurück, und mußte meine letzten Kräfte anwenden, wenn ich nicht in den Abgrund stürzen wollte; nur der Gedanke, den Kuhstall besucht, und nicht auch die fürchterliche Felsenspalte durchklettert zu haben, verjüngte sie wieder. Lächerlicher Sporn, wenn das Leben auf

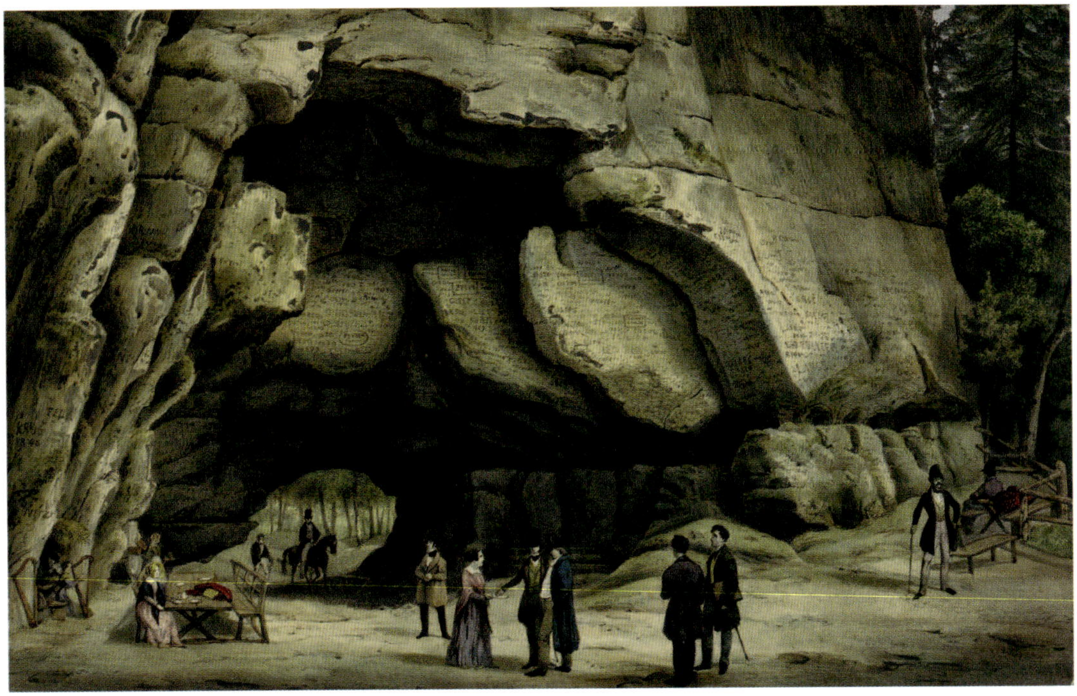

105
Ludwig Eduard Lütke:
Die Kuhstallhöhle,
Mitte 19. Jhd.,
Stiftung Hasse

der einen und ein wenig Stolz auf der andern Wagschale liegt – Einem Essenkehrer gleich stemmte ich mich nun mit dem Rücken und beiden Ellenbogen gegen die eine, mit den Knieen und Händen gegen die andere Wand, und so ging denn, mühselig und gefahrvoll, die Reise fort. Ich vergesse nie, wie froh ich dann war, beide Arme auf der Fläche des Felsens ruhen zu lassen.

Carl von Voß (1822)

Zur Kuhstallhöhle zurückgekehrt, wollten auch wir unseren Besuch, gleich vielen anderen Fremden vor uns, verewigen, deren Namen die Felsenwände, soweit man sie nur mit Leitern erreichen kann, bedecken und wie ägyptische Hieroglyphenschrift aussehen. Ein Zeichen meines treuen Andenkens an Euch, meine Lieben, ließ ich an diesem schönen Orte zurück und malte selbst mit Ölfarbe rechts in dem Gange zum Wochenbett die Anfangsbuchstaben unserer Namen, nämlich CJ.C.L.C.H.A.

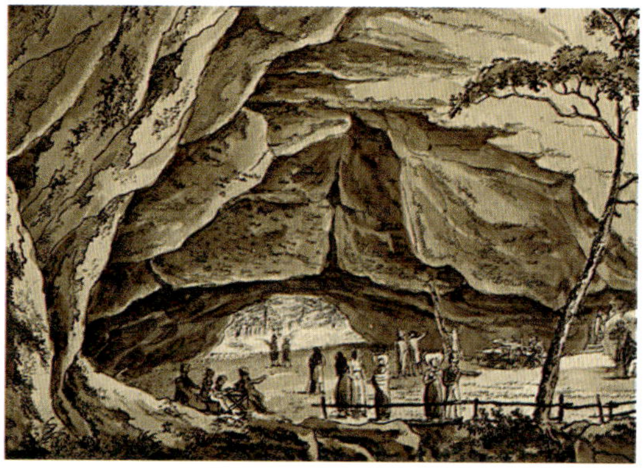

106
J. C.A. Richter:
Die Kuhstallhöhle (mit Leiter), Anfang 19. Jhd., Stiftung Hasse

Ehe wir von hier schieden, ließen wir noch das Echo durch das Horn eines anwesenden jungen Soldaten erproben. Der lang gehaltene Ton desselben wiederholte sich mehr als zehn Mal und starb zuletzt im leisesten Hauche dahin. Von einem Marsche der Harfenspieler begleitet, setzten wir unsere Wanderung wieder fort...

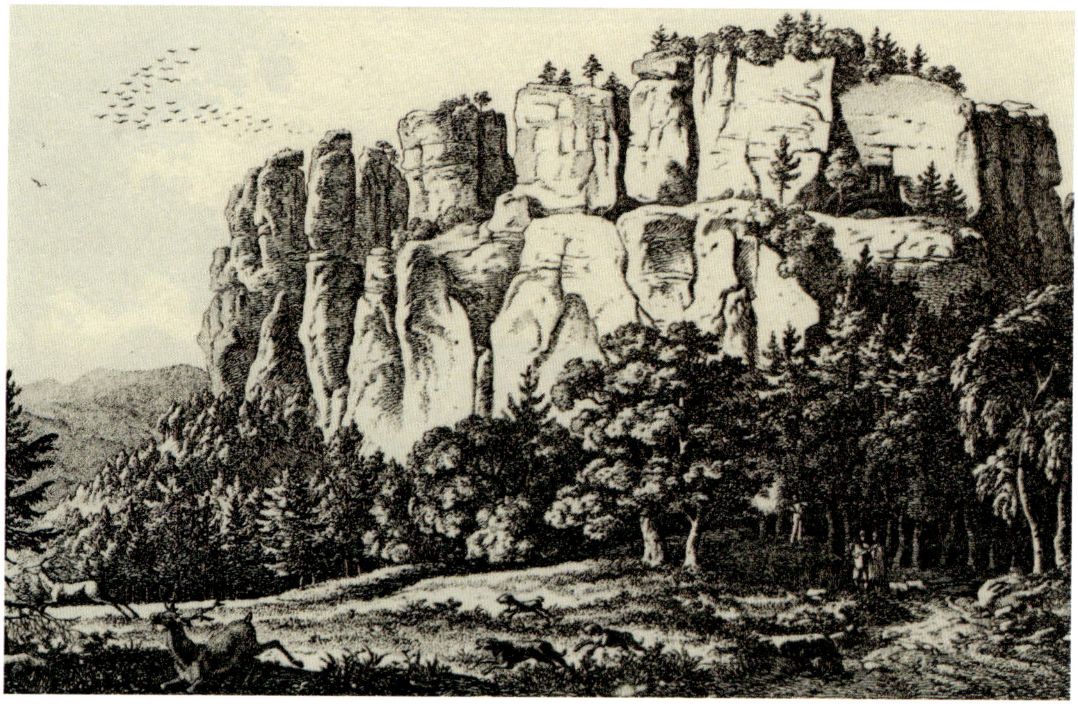

107
Ludwig Richter:
Die Kuhstallfelsen, 1823, Stiftung Hasse

16
Kleiner und Großer Winterberg

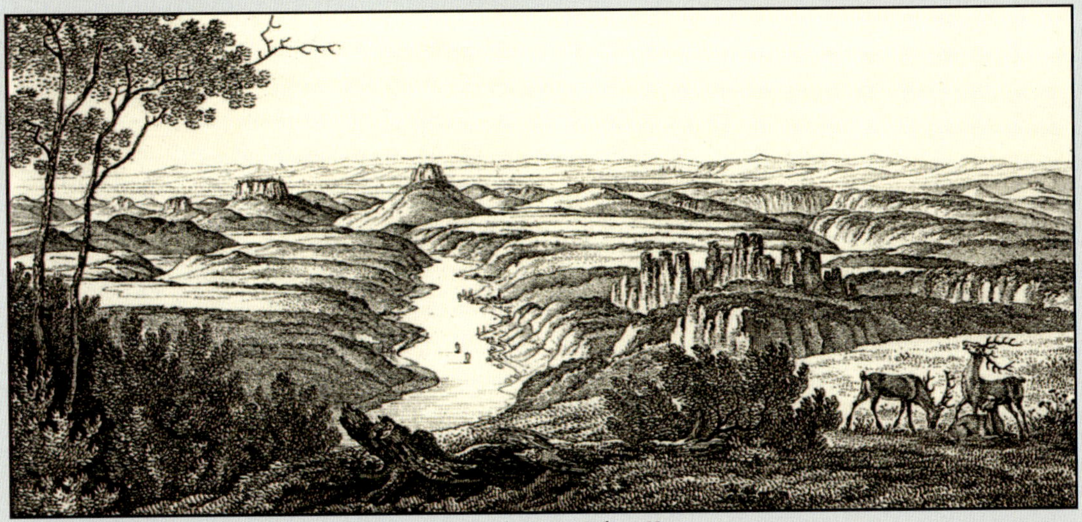

108 Ludwig Richter: Blick vom Großen Winterberg gegen Schandau, 1821, Stiftung Hasse

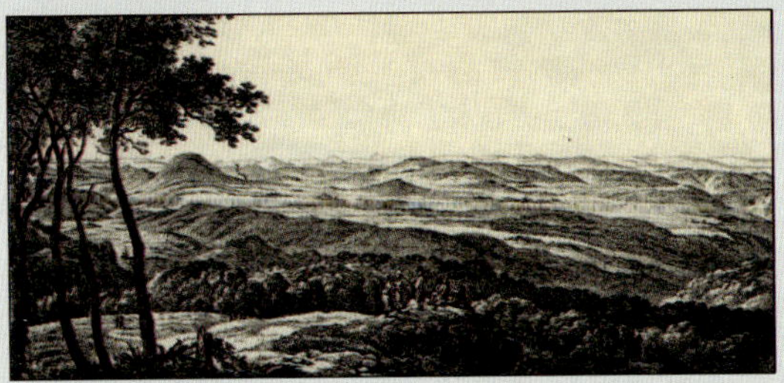

109 Ludwig Richter: Blick vom Großen Winterberg gegen Morgen, 1823, Stiftung Hasse

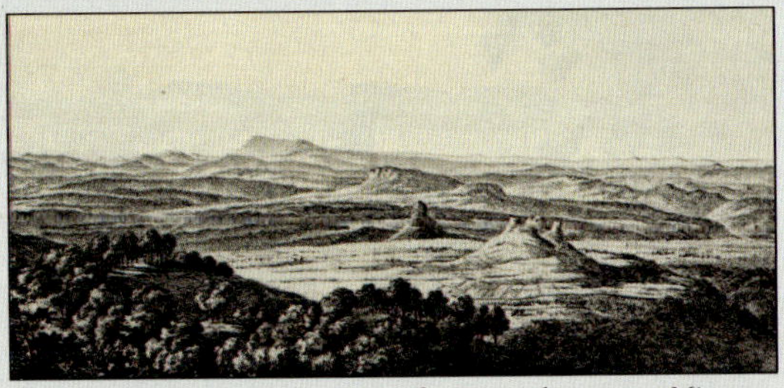

110 Ludwig Richter: Blick vom Großen Winterberg gegen Mittag, 1823, Stiftung Hasse

Vom Kuhstallfelsen aus liegt das nächste Ziel, der Winterberg, vor unseren Augen. Eine breite Felsbarriere scheint den Wanderer am Aufstieg hindern zu wollen. Der alte und steile Serpentinenweg unterm Kleinen Winterberg (heute an den Felsrand verlegt) führt hinauf auf die Höhe. Auf dem Plateau am Gleitmannshorn bietet sich eine beeindruckende Fernsicht. Über dem Weg schimmert durch die alten Buchen noch immer der weiße Pavillon, der seit Jahrhunderten an ein Jagdabenteuer des sächsischen Kurfürsten Friedrich August II. erinnert. Der Kleine Winterberg ist die rechte Einstimmung auf den Großen, der mit seinen 556 m über N. N. als höchster Punkt der rechts-elbischen Sächsischen Schweiz die Landschaft krönt. Steil fallen seine Flanken hinunter zum Elbtal ab. Die frühen Schilderungen sprechen alle von der überwältigenden Wirkung, die dieser exponierte Punkt auf seine Besucher ausübte.

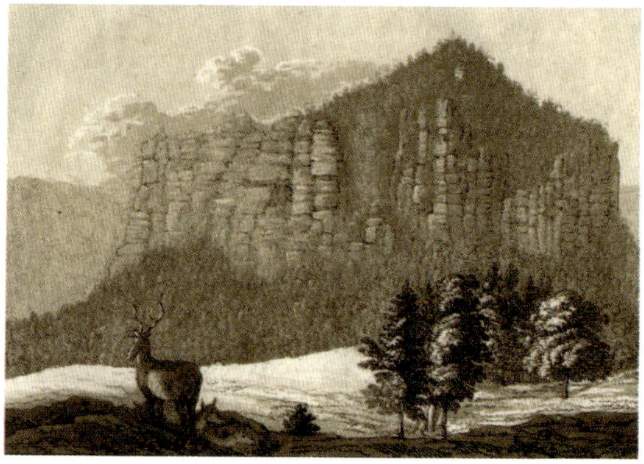

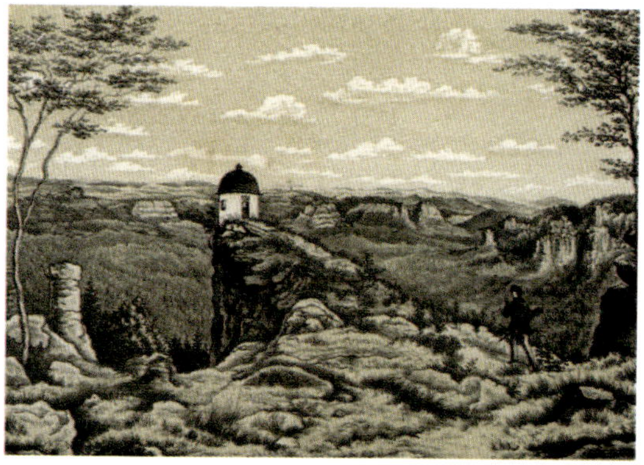

111
Anonym: Blick zum Kleinen Winterberg mit dem Winterberghäuschen, Mitte 19. Jhd., Stiftung Hasse

112
A. Hempel: Das Winterberghäuschen, Anfang 19. Jhd., Stiftung Hasse

Karl Immermann (1831)

ließ sich von Sesselträgern hinauf zum Kleinen Winterberg tragen: „Ich plauderte mit ihnen von den Leuten, die sie getragen, und erfuhr bei dieser Gelegenheit wieder, wie sich die Ansicht von der Menschenwelt in einem jeden nach seiner Beschäftigung verschieden ausgeprägt. Der Dichter spricht von poetischen und prosaischen Naturen, der Soldat von feigen und tapferen, der Philosoph von Denkern und Handwerksköpfen, die Dame von interessanten und uninteressanten, und diese sächsischen Träger kannten nur schwere und leichte „Perschonen".

Carl von Voß (1822)

Am nördlichen Rande des waldigen und breiten kleinen Winterberges steht auf einer steilen Klippe ein von gehauenen Steinen erbauter Pavillon, zum Andenken einer im Jahr 1558 glücklich überstandenen Jagdgefahr des Kurfürsten August, von seinem Sohn Christian errichtet.
Als ich hier athemlos ankam und einen willkommenen Schutz gegen den bereits herabströmenden Regen fand, gewährte es mir einen hübschen Anblick, den langen Zug der übrigen Gesellschaft mit rothen, grünen und blauen Regenschirmen den steilen Felsenpfad heraufklettern zu sehen. Bald kamen alle bey mir an, und vereint genossen wir nun das prachtvolle Schauspiel des in der Nähe vorüberziehenden Gewitters. Die schwarzen Wolkenmassen zogen furchterregend über uns und über die wilde Gegend hinweg und hüllten eine Felsenspitze nach der andern in ihre Schleyer ein. Fahle, zackige Blitze brachen aus ihnen hervor; der Donner rollte im tausendfachen Widerhall an den langen Felsenwänden hin.

Hans Christian Andersen (1831)

Nach einer etwas ermüdenden Wanderung hörte endlich das Nadelholz auf, und wir standen unter herrlichen, grünen Buchen, rund umher sprudelten Quellen aus dem fruchtbaren Erdreich hervor, noch einige Schritte weiter und wir befanden uns 1780 Pariser Fuß über der Meeresfläche. Welche Unendlichkeit lag da um uns her! Tiefer unten in den wildbewachsenen Abgrund schlängelte sich die Elbe, wie ein schmales Band, das sich bei Dresden verlor, dessen Türme und Kuppeln sich an dem Hintergrunde der blauen Meißner Berge erhoben. Die schönste Aussicht war jedoch nach Böhmen zu. Nie habe ich mir den dunkelblauen Schein der Gebirge so deutlich vorstellen können! Wie ein versteinertes Meer lagen die Berge vor mir, und weit an dem fernen Horizont erhob sich das Riesengebirge, mit seinen schneebedeckten Gipfeln, wie ein luftiges Wolkenland. An den Bergwänden zogen schwere Wolken hin; hier lag eine Partie ganz im Schatten, während sich wiederum eine andere im klarsten Sonnenlicht erhob. Auch in meinem Herzen schien die Sonne, während schwere Wolken über diese innere Welt hinfuhren. Es liegt etwas mächtig Ergreifendes darin, auf solche Weise über ein großes Land hinzuschauen.

Carl von Voß (1822)

Während wir jeden Reiz der weiten Umgebung zu entdecken bemüht waren und unaufhörlich bey unserem Führer bald nach den Namen dieses Ortes oder jener Bergspitze forschten, erhoben sich die Abendnebel, erfüllten die meisten Thäler mit dem reinsten Silberglanz und schwebten in lichten Wolken um die grauen Felsenspitzen. Plötzlich erglühten sie, von den Strahlen der eben hinabsinkenden Sonne getroffen, an mehreren Stellen im hellsten Feuerscheine und färbten sich immer röther und feuriger, bis sie den Anschein glutrother Lavaströme erhielten. Wir machten einander auf dies Schauspiel aufmerksam, als ein nicht minder anziehendes unsere Blicke fesselte: die leichten Nebel, die in unserer Nähe am Fuße des Winterberges aufstiegen, kleideten sich nämlich in alle Farben des Regenbogens und zogen wie Irisflügel langsam an uns vorbey. Es war, als hätte die Natur an diesem merkwürdigen Abend alle ihre seltensten Schönheiten vor uns entschleyern wollen, und unschlüssig weilte unser Blick bald auf dieser, bald auf jener Erscheinung. Sprachlos, diesen Eindrücken ganz hingegeben, bemühte ich mich, dies wundervolle Bild tief in meine Seele einzuprägen, um es bis ans Ende meines Lebens zu bewahren.

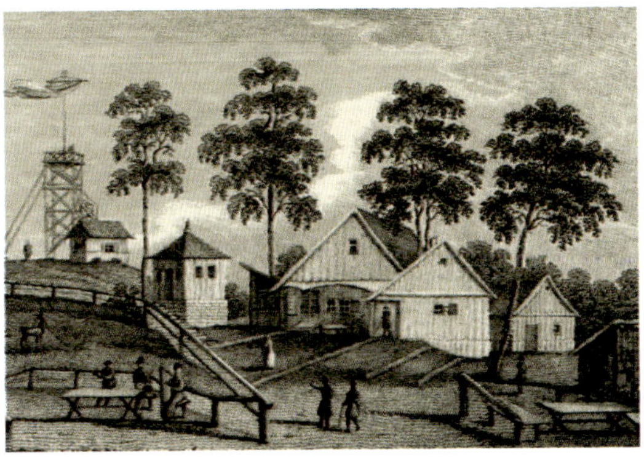

113
Anonym:
Häuschen auf dem Großen Winterberg, um 1800, Stiftung Hasse

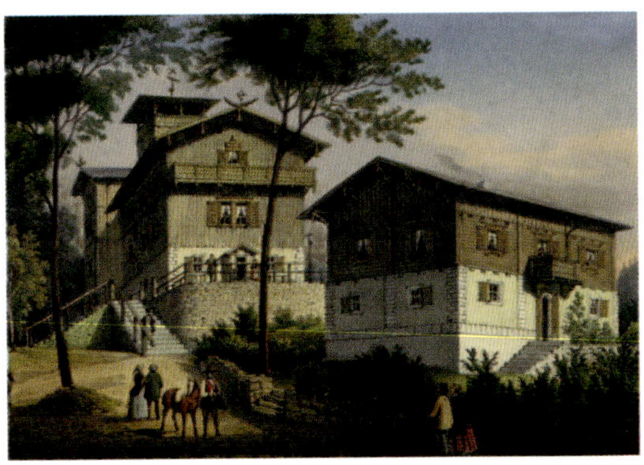

114
Anonym:
Gasthaus auf dem Großen Winterberg, Mitte 19. Jhd., Stiftung Hasse

Carl von Voß (1822)

Wenige Schritte von der Basaltklippe, auf der wir standen, befand sich ein kleines, bretternes Häuschen, zu unserem Obdache für diese Nacht bestimmt, etwas tiefer ein gleich großes nebst einem Küchenverschlage für den Wirth, der hier die Reisenden aufnimmt. Unser Hüttchen enthielt nur ein einziges kleines Zimmerchen, welches uns zugleich zum Essen und zum Schlafen dienen mußte.

Nachdem wir die Kochkunst der Wirtin an einer kräftigen Biersuppe und einem trefflichen Eyerkuchen erprobt hatten, verweilte ich noch lange auf der Klippe, um nun die mir so lieb gewordene Gegend auch im Lichte des Mondes zu betrachten, der hinter den einzelnen hohen, aber laubarmen Buchen, die unsere Hütte umstanden, aufstieg und ihr neue Reize verlieh. Währenddessen hatte man für den Prinzen auf einem schmalen Sofa, für unsere übrige Gesellschaft und zwey anwesende Freunde aber auf einer Spreu das Nachtlager bereitet.

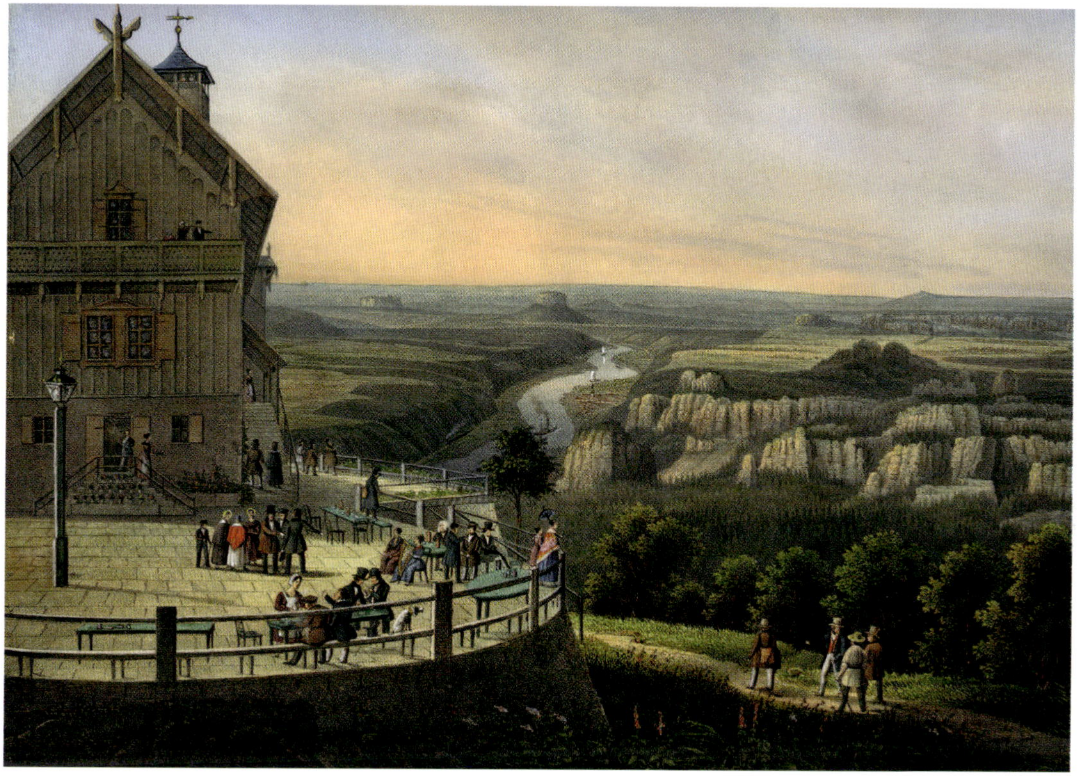

115
Anonym:
Gasthaus auf dem Großen Winterberg, Mitte 19. Jhd., Stiftung Hasse

Wilhelm Lebrecht Götzinger (1812)

Dieser [der Weg] geht anfangs über große Haufen Basaltstücke bergan, bald aber wird er ebner und schöner, und führt fast eine Stunde lang bald durch schönes junges Nadelholz, bald durch junge Buchenwäldchen, deren Wipfel sich zusammenschließen und die schattigsten und reizendsten bedeckten Gänge bilden, bald durch einen prächtigen Buchenwald, dessen Stämme sich wie Tannen stark und lang emporstrecken und erst hoch oben die Krone ihrer Zweige anfangen. Dieser außerordentlich schöne und seltne Buchenwald ist die Decke des großen Winterberges, die man überall in der Ferne als seine Krone sehen kann. Er ist zwar dünner gemacht worden, jedoch wird ihm diese Zierde wohl nicht ganz genommen werden.
So reizend und groß auch schon hier die Ansicht der nahen Felsenwelt und der sich immer mehr entfernenden Landstriche ist, so weicht doch diese Prachtparthie, die man von der Quelle aus durch das junge Gebüsche perspektivisch sieht, der großen Ansicht, die man auf der höchsten Höhe des Winterberges hat. – Von hier aus hat man eine kleine Viertelstunde lang auf einem zwar steilern aber ebenfalls sehr angenehmen Wege bergan zu steigen, ehe man die höchste Höhe erreicht. Wer diese das erstemal betritt, dem scheint Alles wie aus dem Gedächtnisse zu verschwinden, was er bisher sah. Das Herz hebt sich zu unbeschreiblichen Gefühlen, die Zunge verstummt, die Reisegesellschaft versinkt in ein ehrerbietiges Schweigen, das sich endlich in kurzen lebhaften Ausrufungen auflöst. Denn wie aus den Wolken herab umfaßt der Blick eine sehr große Landfläche, auf welcher

sich von allen Seiten in der Nähe und in der Ferne eine solche Menge der schönsten Abwechselungen und Verbindungen zusammendrängt, daß man in Verlegenheit geräth, auf welche man zuerst sehn und was man schöner nennen soll.

Doch wird das Auge vorzüglich nach West und Nordwest hingezogen, wo eine ungeheure Tiefe von 1368 Pariser Fuß heraufgähnt. Man sieht hier in eine Waldwildniß hinein, die sich in einen fürchterlichen Abgrund hinunterzieht, aus welchem sich die Elbe zwischen majestätischen Felsenwänden rauschend und doch auf dieser Höhe unhörbar hervorwindet, und wie ein kleiner Bach zwischen waldigen Berg- und Felsenumgebungen, hinter welchen sich eine unübersehbare Fläche bunter Feld- und Wiesenfluren mit ihren zerstreuten Dörfern verbreitet, der Länge nach bis Proßen hinabfließt, wo sie sich wieder in einem sanften Bogen zwischen das Gebirge hineindrängt. An ihrem rechten Ufer erheben sich in einer unbeschreiblichen Pracht die Gosken- und Bierwände nebst dem Reischenstein, und brüsten sich in einer langen Reihe als ungeheure Riesengestalten bis zum Schrammstein und zur Königsnase hin, und doch stehn sie bei aller ihrer majestätischen Höhe von hier aus so tief unter dem Fuße des Beschauers, daß man fast nicht ohne Schwindel in ihre Spalte und Formen hineinsehn kann. Das Dorf Krippen auf dem linken, und Postelwitz, Schandau, Fähre und Proßen auf dem rechten Ufer, schimmern wie bunte Kartenhäusergruppen aus ihrer Tiefe herauf; die größten Elbschiffe schwimmen wie die kleinsten Kähnchen auf der zum Bach verjüngten Elbe. [...]

Dieser Fluß zieht den Blick zuerst und immer wieder an sich. In einem langen Zuge wirft die Elbe ihren ruhigen Spiegel weit hinunter, und bei aller ihrer hier scheinbaren Kleinheit nöthiget sie doch das Geständniß ab, daß sie die hiesige ganze Felsenwelt beherrscht, und daß ihr ursprünglicher Durchbruch und ihre nachfolgenden vielleicht sehr lange gedauerten gewaltigen hohen Strömungen derselben ihren ganz eignen Charakter und ausgezeichnete Gestalten gegeben haben. So zog sie, wie mit magnetischer Kraft, alle die große Menge tiefer Felsenthäler und Gründe auf beiden Seiten ihrer Ufer an sich, die sich mit allen ihren Flüssen, Bächen und Waldwässern mit ihr und dem großen Hauptgrunde vereinigen, durch welchen sie sich ihren schönen Lauf selbst gebahnt hat.

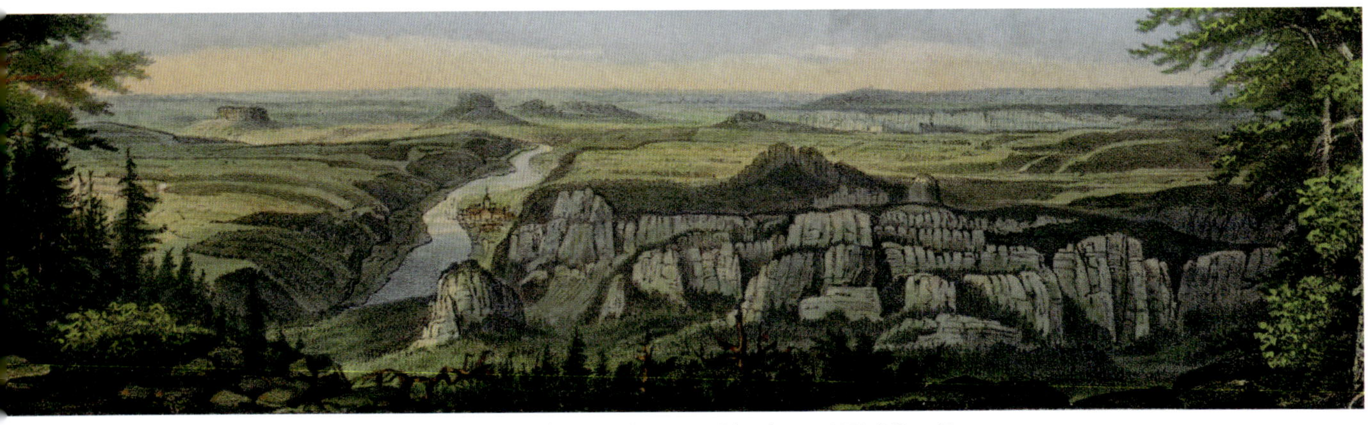

116 Anonym: Aussicht vom Großen Winterberg gegen Schandau, um 1850, Stiftung Hasse

17
Prebischtor und Prebischkegel

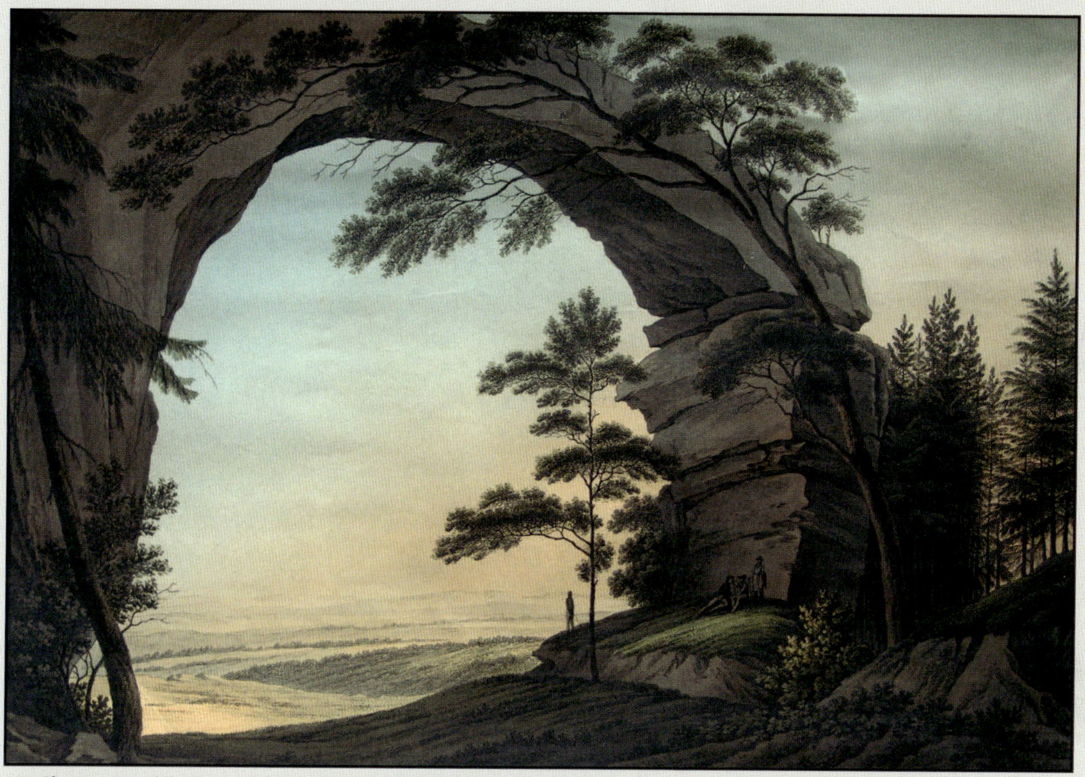

117 Christian Gottlob Hammer: Prebischtor, 1. Hälfte 19. Jhd., Stiftung Hasse

Der Felsbogen gilt als der größte Europas. Seine Wirkung auf den Menschen, der unter das Felsentor tritt, ist wahrlich überwältigend. Es scheint für die Maler gemacht. Wir kennen viele Darstellungen und begeisterte Schilderungen. Das Felsriff mit diesem einmaligen Durchbruch steht dramaturgisch perfekt in der Landschaft. Der benachbarte Kreuzstein ist der ideale Aussichtsfelsen für das Tor. Hat man sich dort am Prebischtor satt gesehen, macht man eine halbe Drehung und bestaunt den Prebischkegel, der direkt unter der Aussicht steht. Dieser schlanke Felsturm bot den Künstlern ein zweites Motiv. Bei all den starken Natureindrücken, die der Malerweg bisher immer wieder bot, bilden das Prebischtor und der Prebischkegel den überraschenden Höhepunkt und Abschluss des Malerweges. Der allerletzte Punkt, Herrnskretschen, ist ja nur noch Durchgangsstation für die Rückfahrt. Wer sich darüber hinaus immer wieder vom faszinierenden Bild des kegelförmigen Rosenberges angezogen fühlt, weiß, dass der Malerweg längst nicht alles umfasst, was die Sächsisch-Böhmische Schweiz bietet.

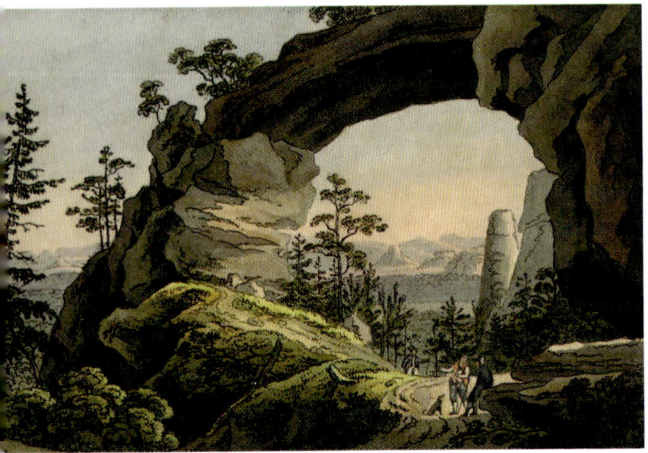

118 Anonym: Prebischtor von Osten, 1. Hälfte 19. Jhd., Stiftung Hasse

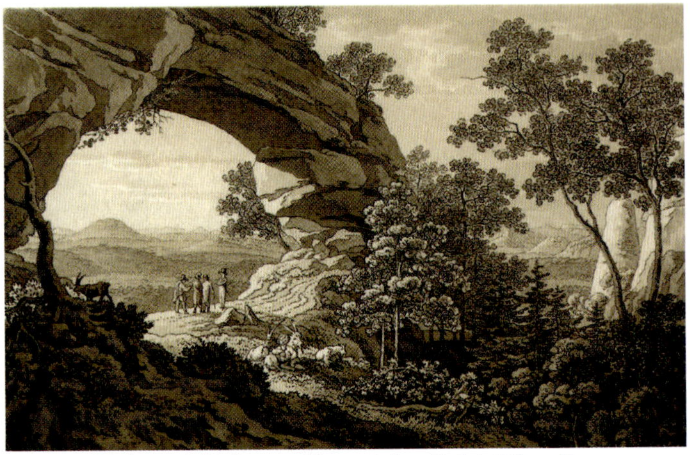

119 Zingg-Werkstatt: Prebischtor von Westen, Anfang 19. Jhd., Stiftung Hasse

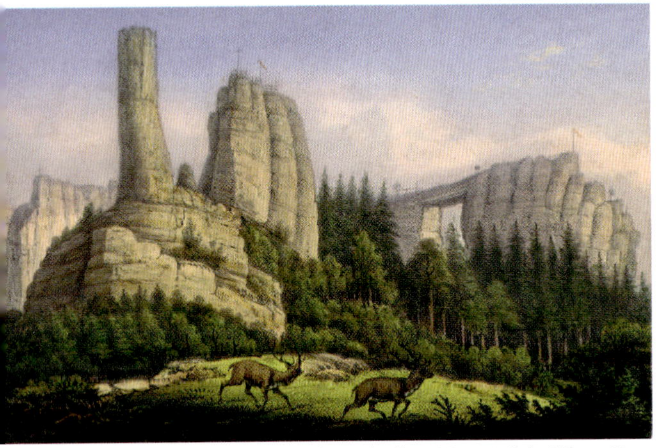

120 Anonym: Kleiner Prebischkegel u. Prebischtor, Mitte 19. Jhd., Stiftung Hasse

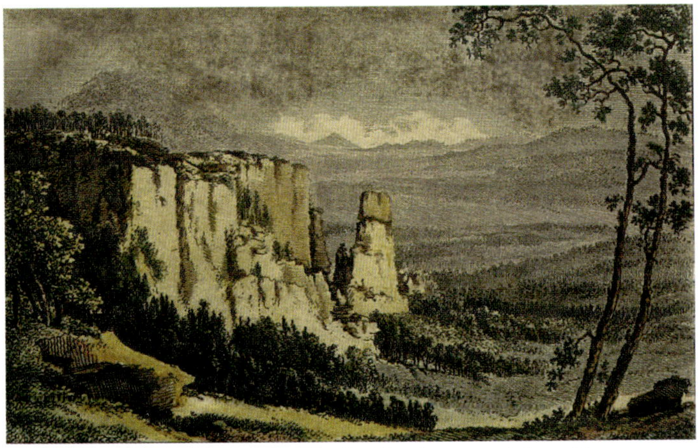

121 Christian August Günther: Kleiner Prebischkegel, um 1804, Stiftung Hasse

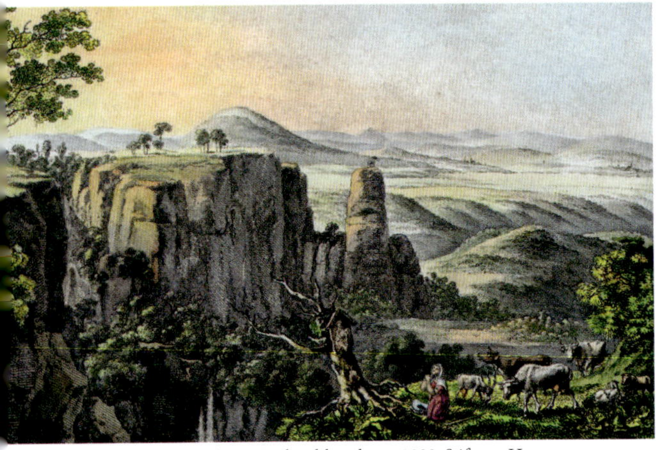

122 Carl August Richter: Prebischkegel, um 1820, Stiftung Hasse

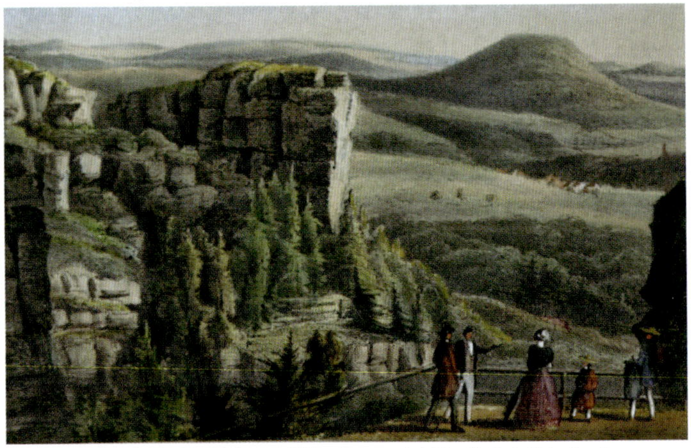

123 Otto v. Gersheim: Prebischgrund (Am Kanapee), Mitte 19. Jhd., Privatbesitz

Hans Christian Andersen (1831)

Zuweilen kann eine einfache Melodie, die wir nur ein einziges Mal hören, einen so mächtigen Eindruck auf unsere Seele machen, daß wir sie mitten im Gewühle der Welt wieder zu hören glauben, ohne daß wir sie deshalb laut zu singen imstande sind; in uns lebend braust sie durch unser Inneres. So ergeht es mir auch mit den Naturszenen; so mit dem Tonstück, welches in Farben mit Licht und Schatten hervortrat, das ich auf der Wanderung von wenigen Stunden in den böhmischen Bergen kennenlernte. [...] In der herrlichsten Sonnenbeleuchtung liegt die schöne Landschaft in meiner Erinnerung, ich sehe ganz deutlich einen jeden einzelnen Punkt, und wie die verklungenen Melodien tönt es oft durch meine Seele, ohne daß ich es jedoch so recht in Tönen und Liedern aussprechen kann. Ich sehe den großen, offenen Fleck im Walde mit den ungeheuren Fichten, wo man uns sagte, daß wir nun die Grenze überschritten; ich sehe das sonnenverbrannte böhmische Mädchen mit dem weißen Tuch um den Kopf und den bloßen Füßen, die uns in dem finstern Fichtenwald begegnete, und dann die wilde Felsenpartie, das „Prebischtor", wo wir unter dem kühnen, steinernen Bogen standen, den der mächtige Naturgeist keck über unsern Häuptern gewölbt hatte. Ich sehe die unübersehbaren schwarzen Waldungen tief unter uns und die fernen Berge mit ihrem Schnee, den die Sonne beleuchtete.

Carl von Voß (1822)

Ohngefähr eine halbe Wegstunde vom Winterberge entfernt, überschritten wir die Grenze und befanden uns nun in Böhmen. Unser Führer führte uns nun auf einem ziemlich ebenen Bergrücken durch eine felsige Waldgegend, wo ein Wirbelwind eine Menge Tannen wild durcheinander geworfen hatte, und brachte uns schließlich zu einem Standort, von wo wir über den tiefen und waldigen Langergrund hinweg den Prebischkegel erblicken konnten. Dies ist ein runder, spitz zulaufender, unbesteigbarer Felsen, der äußerste der gegenüberliegenden Felskette. Bey einer freundlicheren Beleuchtung würde er sich noch viel schöner gezeigt haben, doch war auch jetzt sein Anblick, so wie der der ihn umgebenden waldigen Gebirgsgegend höchst imposant und romantisch.

Nicht lange hier verweilend, eilten wir nun dem Prebischthore zu, das in einiger Entfernung an einer hohen und steilen Felsenwand sichtbar wurde. Am Rande derselben fortschreitend, befanden wir uns bald an dem oberen Bogen des Thores zwischen zwey finsteren Abgründen. Aus der Ferne schien dieser Bogen so schmal, daß wir nicht auf den Gedanken kamen, über ihn hinweg gehen zu können. Da wir ihn aber in der Nähe an 20 Fuß breit fanden, so konnten ich und noch einige aus der Gesellschaft der Versuchung nicht widerstehen, den Weg über diese Luftbrücke zu wagen. Keck erreichte ich die andere Seite, als ich aber von dort in die Abgründe schaute, die mich von drey Seiten umgaben, und mir die hohen Tannen in der Tiefe wie kleine Weyhnachtsbäumchen erschienen, da trat ich doch den Rückweg etwas williger an, als ich gekommen war. Um an den Fuß des Thores zu gelangen, das in den Lüften zu schweben scheint, mußten wir auf einer kleinen Brücke einen tiefen Abgrund überqueren und dann auf Treppen in die dunkle Kluft hinabsteigen, welche die südliche Felswand begrenzt. Unter dem schwarzen Schatten überhängender Tannen steht man plötzlich vor einem kleinen Hüttchen, das sich neben dem Thore an die graue Felswand schmiegt und von der steil abwärts führenden Kluft nur durch einen schmalen Raum und ein kleines Geländer getrennt ist. So wild und schauerlich auch die Umgebung ist, so behaglich erscheint doch das malerische Häuschen, mit roh gezimmerten Tischen und Bänken und von allerley Hausgeräth umstellt.

Carl von Voß (1822)

Wenn man sich um die Ecke der Hütte und ihrer schmalen Terrasse windet, steht man vor dem Prebischthore, dessen Öffnung 56 Fuß hoch und einige 90 Fuß weit in die Felswand gesprengt ist. Es bildet einen höchst majestätischen Rahmen um das wilde Landschaftsgemälde, das man durch den Bogen erblickt. Von allen Bergen, die sich aus den ausgedehnten Waldungen ringsum erheben, zieht besonders der hohe Rosenberg, dessen man in der Umgegend von Dresden fast überall ansichtig wird, die Blicke auf sich. Er ist so hoch wie der Winterberg, allein bis zu seinem Gipfel mit hohen Tannen bestanden, bietet er keine lohnende Aussicht. Die geringe Breite der Felswand, in welcher das Prebischthor sich befindet, und die Abgründe, die es von beiden Seiten umgeben, verleihen der Stelle, von der wir es betrachteten, zwar einen ganz eigentümlichen Zauber, erlauben aber nicht, so weit zurückzutreten, daß man das Felsthor und die dahinter liegende Landschaft zugleich zeichnen könnte, weshalb die Abbildungen, die davon existiren, durchaus unwahr sind. Während meine Reisegefährten sich vor dem Häuschen des Wirthes erfrischten, suchte ich mir unter einem überhängenden Felsen und nachher unter dem Thore selbst, zwey gute Standorte, um diese gewaltige Naturscene zu skizzieren.

Wilhelm Lebrecht Götzinger (1812)

Das Allermerkwürdigste und Anziehendste aber ist ein von der senkrechten Wand im Hintergrunde abgesonderter und über 50 Schritt entfernter sich einzeln erhebender ungeheuer großer Felsenkegel, welcher den Blick in dem Augenblicke festhält, sobald man ihn erblickt. Dieser ungeheure Kegel, den man vom Grunde den Namen Prebischkegel gegeben hat, steigt aus der grausenden Tiefe mehrere 100 Ellen kühn und trotzend in die Höhe. Er läuft oben rund zu, ist aus mehrern Stücken zusammengesetzt, und oben mit einem einer Krone ähnlichen Aufsatz geziert. Wie fesselnd der Anblick dieses seltnen Naturbaues in Verbindung seiner riesenförmigen Umgebungen ist, sagt der Umstand, daß, als ich mit einem hier noch nie gewesenen in seinem ganzen Sinn und Wesen rohen, gegen alle ihm täglich gewohnten Felsengruppen ganz gleichgültigen Führer diesen Kegel und das Thor das erstemal aufsuchte, und dieser diesen Kegel eher als ich ins Gesicht bekam, in die lauteste Bewunderung ausbrach, mich recht herzlich theilnehmend hinrief, und versicherte, so was noch nie gesehn und nie geglaubt zu haben, daß so etwas Schönes in der Natur sey.

Wie hat sich dieser Riesenkegel gebildet? War er ursprünglich mit der nahen Wand verbunden, oder stand er vom Anfange so allein da? Und wenn das erste das Wahrscheinlichere ist, wie ist es zugegangen, daß jene mächtige Revolution, welche alle diese Gründe und Thäler zersprengte, diesen Kegel nicht überwältigen könnte? Welche verborgene Klammern hielten ihn zusammen, als die Felsenmassen um ihn her in Trümmern zusammenfielen, und die Fluthen der Vorwelt in die

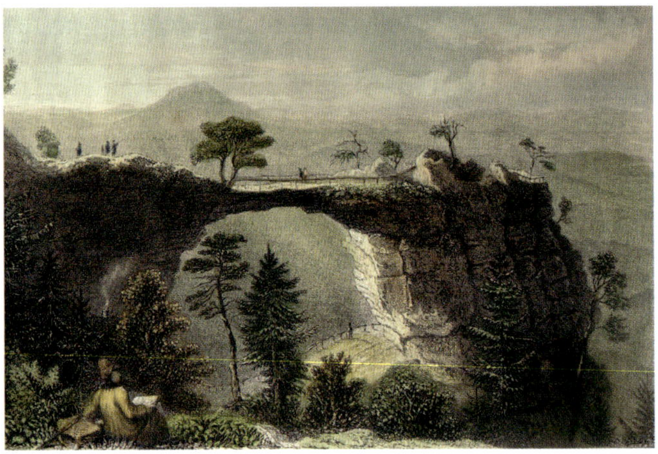

124
Ludwig Richter:
Prebischtor, 1836,
Privatbesitz

Tiefen stürzten, diese Gründe bildeten, und mit einer Alles fortreissenden Gewalt auch aus diesem Grunde heraus brausten, in dessen Hintergrunde er allein stehn blieb? Woher hat er das Gleichgewichte bei seiner beträchtlichen Höhe und seinem doch so schwach scheinenden Grunde, daß er Jahrtausende jeder Erderschütterung trotzen konnte?

Wassilij Andrejewitsch Shukowski (1821)

Die Erinnerung an das Prebischthor ist das Schönste, was mir aus der Sächsischen Schweiz geblieben ist. Das Prebischthor ist dieselbe Durchgangshöhle wie der Kuhstall, nur unvergleichlich schmaler und höher. Zuerst steigst du auf den Stein, der sein Gewölbe bildet, hinauf, dann gehst du bis zum eigentlichen Gewölbe hinab. Aber wie soll man diesen wunderbaren Ort beschreiben! Stellen Sie sich einen schmalen Felsen vor, der zehn oder fünfzehn Faden [1 Faden = 1,8 m] lang und nicht mehr als vier Arshin [russisches Längenmaß] breit ist und auf zwei anderen stehenden Klippen steht. Auf diesem schmalen Steinstreifen stehst du, vorn rechts und links von hundert Faden tiefen Abgründen umgeben, aus denen wie Ungeheuer andere kahle Klippen ragen; hinter ihnen Grün auf drei Seiten des Tals; hinter ihnen erheben sich bewaldete Mittelgebirge, zwischen denen man auch den Grund mäandernder Täler sieht. Und hinter diesen nahen grünen Bergen stehen wie Gespenster, fern, blau, diese unbeschreibliche Mannigfaltigkeit von Bergen und Tälern. Man stelle sich den wunderbaren Nebel vor, der weht, fliegend, aber viel durchsichtiger, so dass man manchmal alles erkennen konnte, was unter seinen schwankenden Wellen lauerte; aber manchmal verdichtete er sich plötzlich ganz, und in diesem Moment schien es, als stündest du am Ende der Welt, als wäre die Erde zu Ende und als wäre nur der Abgrund des Himmels einen Schritt von dir entfernt.
Neben dem Prebischthor ist ein weiterer Felsen, vom ersten durch eine Schlucht getrennt, viel höher, schmaler und steiler, er heißt Prebischwand. Wir sind hinaufgestiegen, um das Prebischthor von der Seite zu betrachten – ein unvergleichlicher Anblick. Man versteht nicht, für wen diese geheimnisvollen Tore von der Natur in der Wüste geschaffen wurden und wohin sie führen. Rund um ihren Abgrund sieht man durch ihre Öffnung eine Nebelwelle, und etwas, wie aus einem anderen Licht, flimmert durch dieses durchscheinende Zwielicht [...] Ich dachte an [Caspar David] Friedrich – dieses Bild ist für seinen Pinsel! An der Prebischwand selbst steht, als ob ihr Wächter, der schreckliche, einsame Felsen Prebischkegel, das ist eine von allen Seiten uneinnehmbare Felssäule. [...]
Inzwischen wurde es von Stunde zu Stunde besser. Die Dämpfe zerstreuten sich und die Umgebung wurde klarer. Aber die Sonne hat sich noch nicht gezeigt. Wir stiegen von der Spitze unter den Bogen der Klippe und saßen einige Zeit unter ihrer Masse. Ich kann dieses klare, ruhige und zugleich lebhafte Gefühl, das in meiner Seele war, nicht mit Worten beschreiben. Ich habe so etwas noch nie erlebt, weil ich solche Objekte noch nie gesehen habe.

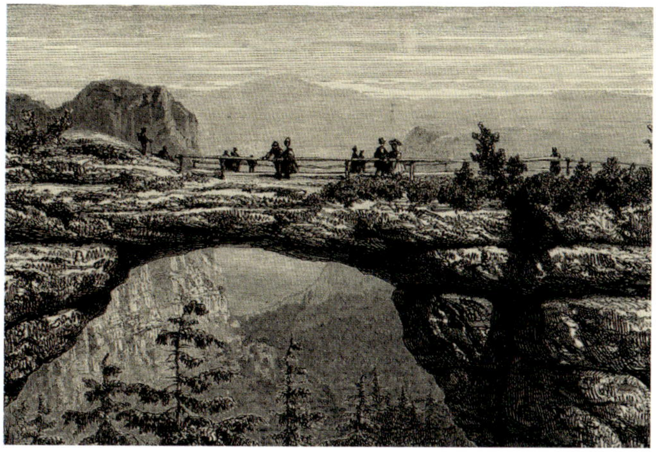

125
Anonym:
Auf dem Prebischtor, 1880, Stiftung Hasse

18 Herrnskretschen

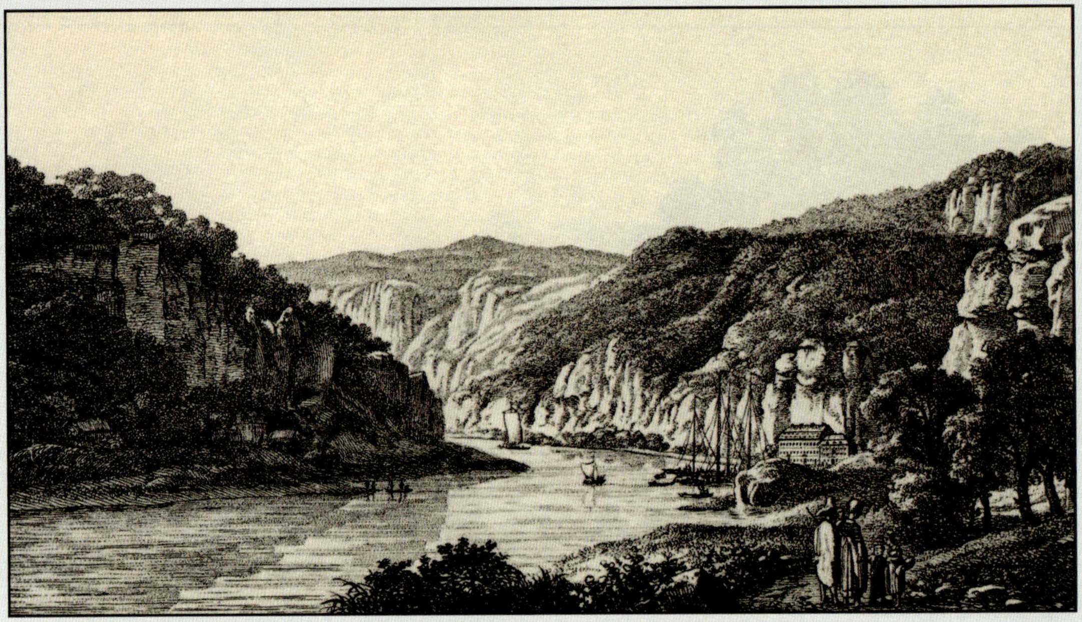

126 Ludwig Richter: Herrnskretschen an der Elbe, 1823, Stiftung Hasse

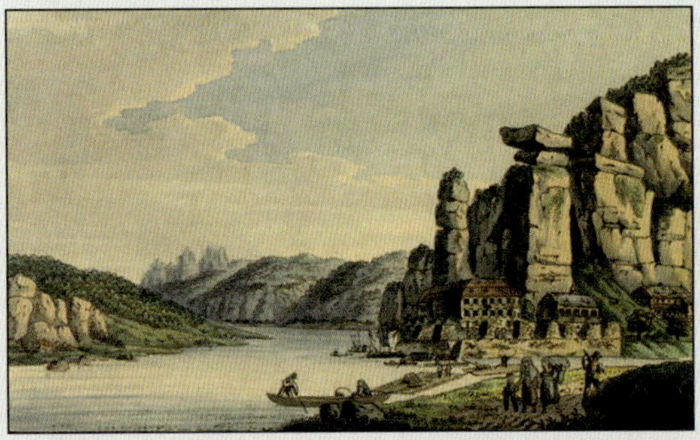

127 Anonym: Herrnskretschen, Mitte 19. Jhd., Privatbesitz

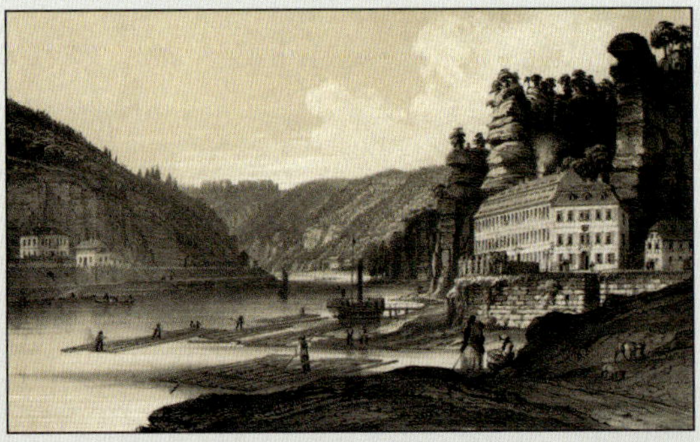

128 F. J. Sandmann: Herrnskretschen, Mitte 19. Jhd., Stiftung Hasse

In Herrnskretschen begegnen wir der sympathischen böhmischen Lebensart und Kultur. Wenn heute auch nichts mehr so ist wie vor zweihundert Jahren, so ist trotz allem modischen Zeitgeist, fliegenden Händlern etc. das Besondere noch zu sehen und zu spüren. Hohe Felsen flankieren den Ausgang des Tales der Kamnitz zur Elbe hin ins Offene. Der historische Malerweg ist hier zu Ende, wenn unterwegs auch noch die Abstecher zum Königstein und Lilienstein bleiben.

Carl von Voß (1822)

[Wir] stiegen die steile und enge Kluft, in der wir uns befanden, vollends hinab und erreichten den Bielergrund, der sich bey den ersten Häusern des langgedehnten böhmischen Dorfes Hirnitzschkretschen mit dem Kamnitzgrund vereinigt. Von hier bis zur Elbe hat man beständig die größtentheils auf steinerne Terrassen erbauten und an steile Felswände sich anlehnenden Häuser von Hirnitzschkretschen zur Rechten, und den hellen Kamnitzbach, welcher eine Schneidemühle und eine Mahlmühle treibt, zur Linken. Die letzten Häuser des erwähnten Ortes und die einzigen, welche am Elbufer liegen, sind das stattliche und massiv erbaute Mauth- oder Zollhaus und das Wirtshaus. über deren Dächer senkrechte Felsenspitzen aufragen.

Hans Christian Andersen (1831)

Der Wald verlor sich inzwischen immer mehr und mehr, der Weg zog sich zwischen wilden Felswänden durch, ein kleiner Fluß trug dazu bei, dem Ganzen Abwechslung zu verleihen, eine Mühle lag neben der andern, wo große Bäume und Steine durchgesägt wurden; an mehreren Stellen fanden wir zum Übergange über den Fluß nur ein schmales Brett ohne Geländer. Endlich kamen wir in das kleine böhmische Grenzdorf Herrnskretschen.

Alles um mich herum hatte einen ganz neuen Charakter. Das Ganze trug ein fremdartiges, eigentümliches Gepräge; noch ganz lebhaft sehe ich vor mir, unter den gelbgrauen Felsen mit dem grünen Gestrüpp die netten, rotbemalten Häuser mit ihren hölzernen Altanen, hohen Treppen und Staketen, ein Christus- oder Muttergottesbild über der Tür, das, wie schlecht es auch gemalt sein mochte, doch für mich dem Ganzen einen interessanten Anstrich gab. Ich sehe noch die vielen Weiber, die muntern Mädchen und Burschen, die mit bloßen Füßen an dem Ufer des Flusses standen und die großen Stücke Holz, die auf dem Wasser daher trieben, ans Land zogen. Ich sehe das alte braungelbe Bauerweib an dem offenen Fenster, das uns in Josephs und Marias Namen grüßte. Ich sehe das wunderlich bunte Bild mit den frischen Blumenkränzen auf dem Marktplatz, wo ein alter Bauer knieend sein Gebet hersagte und ein hübsches junges Mädchen im Vorbeigehen das Zeichen des Kreuzes machte. Es war das Bild des heiligen Nepomuk, Böhmens Schutzpatron, das ich hier sah.

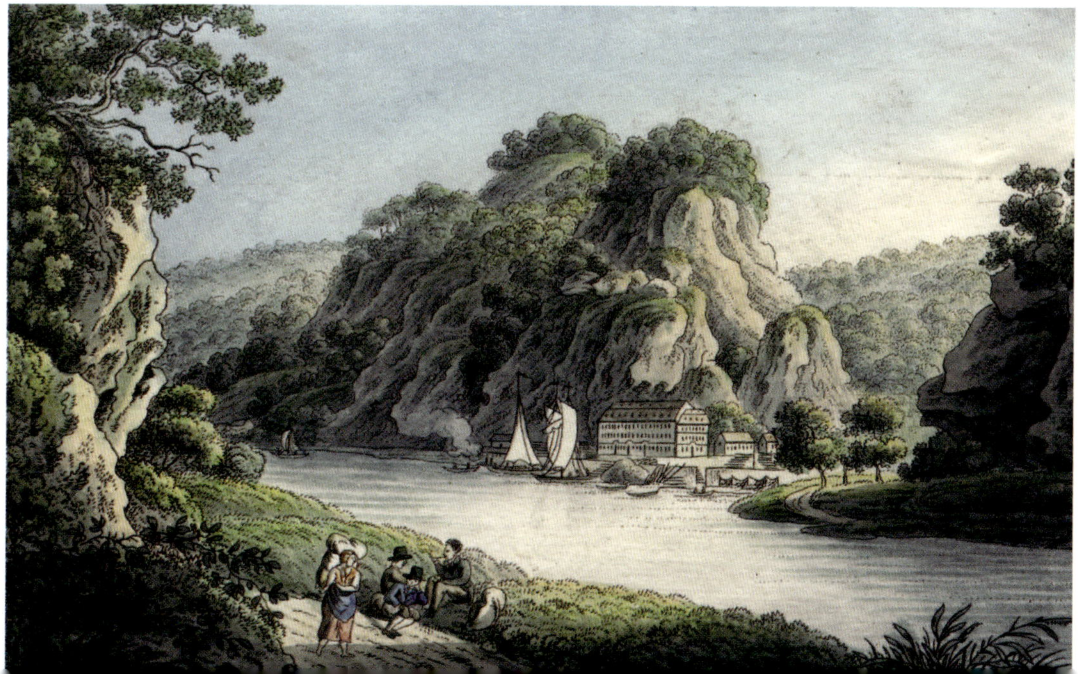

129
J. C. A. Richter: Herrnskretschen über die Elbe, 1823, Stiftung Hasse

19
Königstein

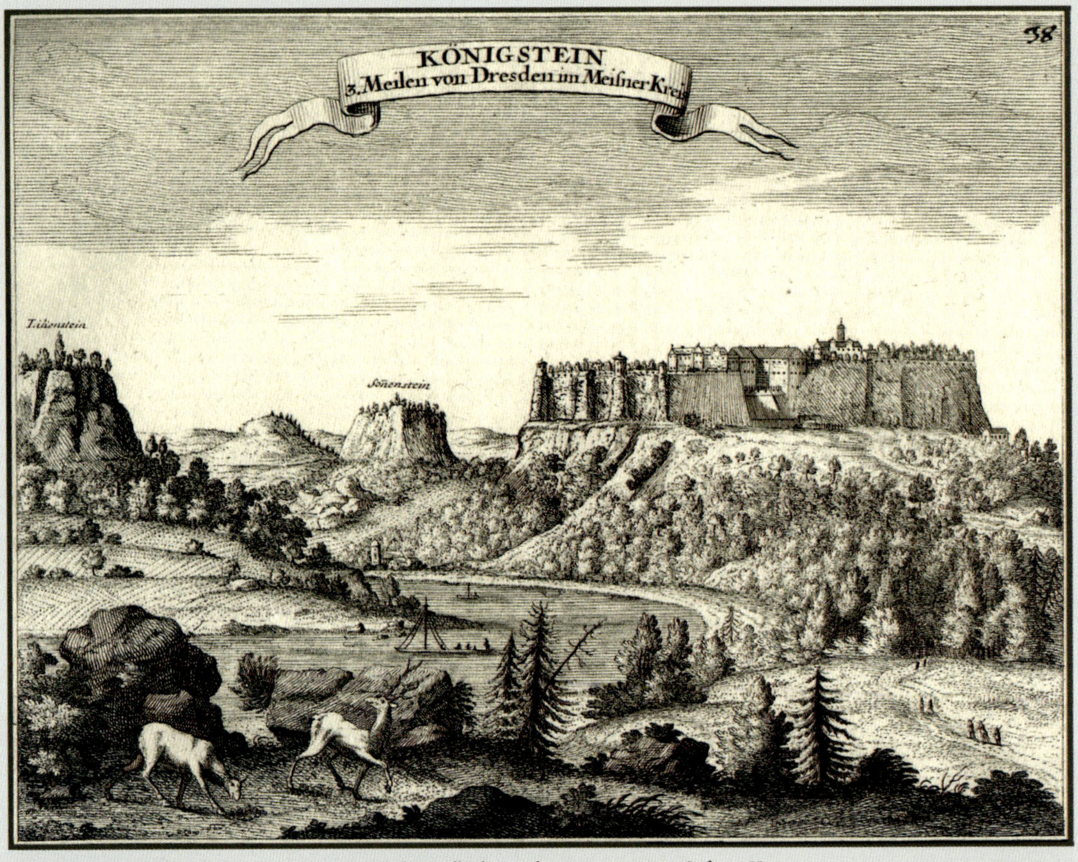

130 Gabriel Bodenehr: Die Festung Königstein, Blick ins Elbtal mit Lilienstein, um 1720, Stiftung Hasse

Die gewaltige Festung Königstein wurde hoch über der kleinen Stadt an der Elbe auf einem Tafelberg erbaut. Neben der Rolle, die sie in der Geschichte spielte, wurde sie im 19. Jahrhundert vor allem im Zusammenhang mit der Entdeckung der Sächsischen Schweiz berühmt. Sie war ein ausgesuchtes Ziel. Kaum ein Künstler von Rang hat sie nicht auf irgendeine Weise dargestellt. Für Adrian Zingg fand unmittelbar unter dem Königstein seine erste Begegnung mit der Sächsischen Schweiz statt.

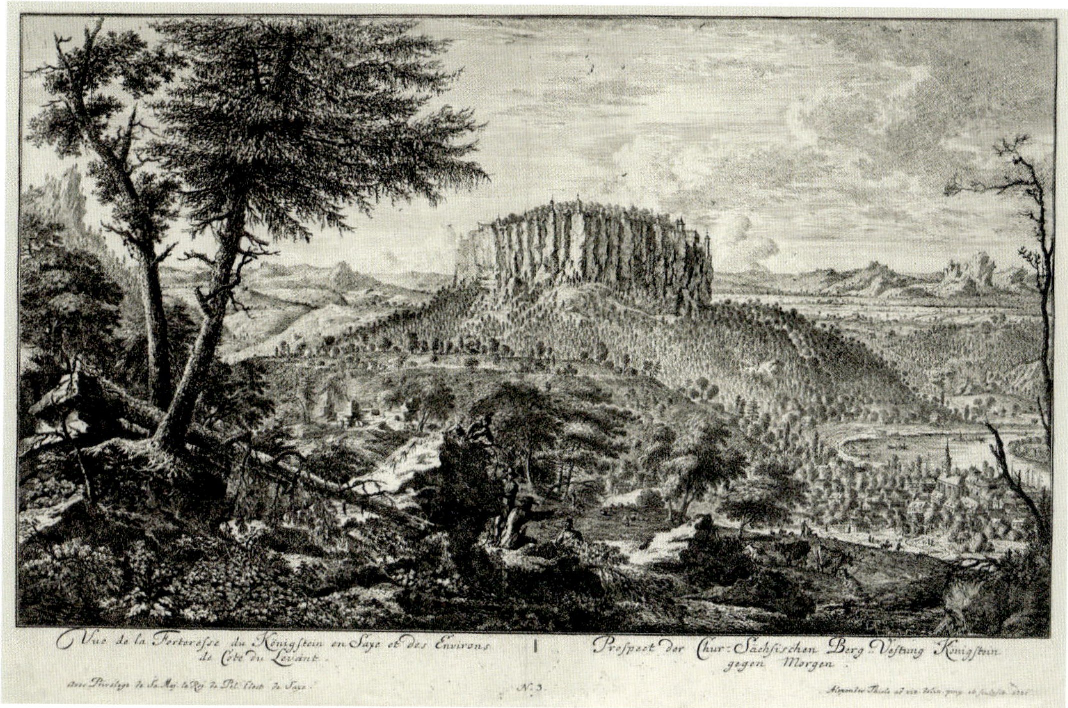

131
Johann Alexander Thiele:
Die Berg-Vestung Königstein von der Morgenseite, 1726, Stiftung Hasse

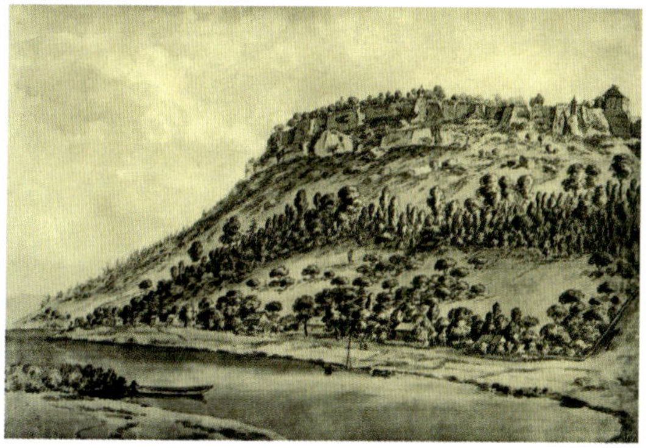

132 Adrian Zingg:
Festung Königstein, 1766 (Lichtdruck), Stiftung Hasse

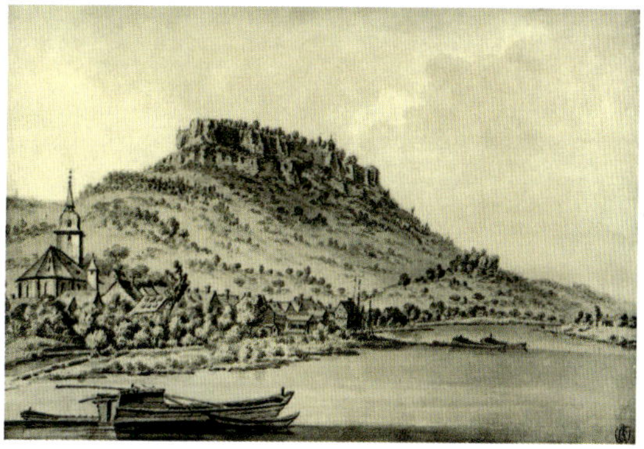

133 Adrian Zingg:
Stadt und Festung Königstein, 1766 (Lichtdruck), Stiftung Hasse

Carl Heinrich Nicolai (1801)

Wer nun aber auf seiner Rückreise noch eine rechte Augenweide genießen will, miete sich einen Kahn und fahre auf der Elbe bis Wehlstädtchen oder Pirna, so weit es ihm beliebt. Diese Wasserreise an einem heiteren Tag zu machen, ist etwas ungemein Ergötzendes. Unterwegs muß man aber noch die beiden merkwürdigen Felsen, den Königstein und den Lilienstein, mitnehmen. Man lasse sich daher bei dem Städtchen Königstein ans Land setzen und das Fahrzeug seiner warten. Gleich am Ende der Vorstadt geht linker Hand ein gebahnter Weg, der allmählich auf die Höhe des Fel-

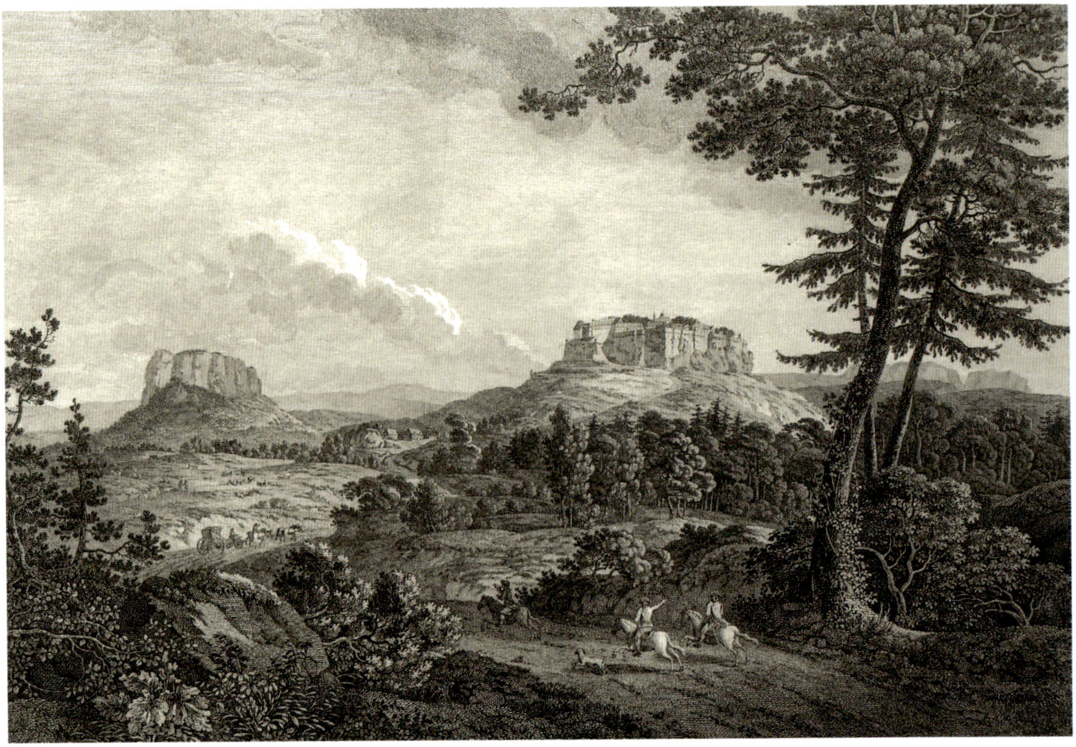

134
Carl August Richter nach Adrian Zingg:
Königstein und Lilienstein, Anfang 19. Jhd., Stiftung Hasse

sens führt. Hat man den stark mit Erde bedeckten Fuß des Berges erstiegen, so kann man nicht anders auf den wohlbefestigten Rücken des Felsens kommen als durch einen mit unsäglichen Kosten in den Fels gehauenen Weg, der ziemlich steil ansteigt. Der Eingang ist mit einem Tor verwahrt, durch welches man nicht eher passieren darf, bis der Kommandant von der Festung die Erlaubnis dazu gegeben hat. Man wird diesen durch den Felsen gehauenen Weg sowie die ganze Festung sehr merkwürdig finden. Der Rücken des Felsens ist oben so stark mit Erde bedeckt, daß man Gärten, Felder mit Getreide, ja einen ganzen Wald von so hohen Tannen und Fichten antrifft, daß tüchtige Mastbäume aus ihnen genommen werden können. Die Aussichten, die man oben hat, lassen sich durchaus nicht beschreiben. Sie sind aber, weil von allen Seiten alles offen ist, zu reich, als daß man, wenn man herum ist, einen recht deutlichen Eindruck davon haben könnte. Die Aussicht gegen Südosten in das Städtchen hinunter gefällt manchem so, daß er sich derselben vor anderen erinnert. Und die gerade gegen Osten erneuert die vorhin schon so oft empfundenen Eindrücke des Erhabenen und Großen; denn hier stehen dem Auge mehrere solche steile Sandfelsen gerade entgegen.

Daniel Chodowiecki (1798)

Um 4 Uhr morgens nach dem Königstein, wo wir um 9 Uhr ankammen und im Wirtshaus am Fuße des Felsens einkehrten. Wir [...] hatten den Sonnenstein passiert, und kammen nun auf sehr steinigte und zuweilen halsbrechende Wege, wo wir auch einmal von unseren Pferden absteigen mussten, rechter Hand hatten wir ungeheure Felsenklumpen, linker Hand die Pyrnischen Steinbrüche und mitteninne fürchterliche Präcipisses [jäher Abgrund], von da kammen wir durch ein langes Dorf Stroppen [Struppen] durch einen Tannenwald zu gedachtem Wirtshause, wo wir immer zwischen den Bäumen den ungeheuren Felsen vor uns sahen.

Nachdem wir unsere Pferde mit Futter versorgt hatten, stiegen wir den Felsen hinan und kammen an das äußere Thor, wo wir uns durch einen Unteroffizier melden ließen und nachdem das geschehen war, eingelaßen wurden, nun kamm ein Sekretär und forderte noch einmahl unsre Nahmen, die wir ihm richtig, aber als Kaufleute und Prediger angaben. Darauf wurden wir einem Wacht-Meister übergeben, der uns herum führen solte. Die Aussichten vom Königstein sind sehr schön; der Lilienstein ist ihm der nächste, ein runder großer Felß, kleiner sind der Pfaf[f]enstein, der Jungfernsprung u.s.w. Die herumliegenden Gegenden sind unvergleichlich schön [...] Um 12 Uhr kammen wir vom Felsen nach unserem Wirtshause zurück, aßen, stiegen zu Pferde und ritten auf einem andern Wege wieder zurück.

135 *(oben, links)*
Anonym: Festung Königstein, Mitte 19. Jhd., Stiftung Hasse

136 *(oben, rechtss)*
Franz Stadler: Festung Königstein, um 1800, Stiftung Hasse

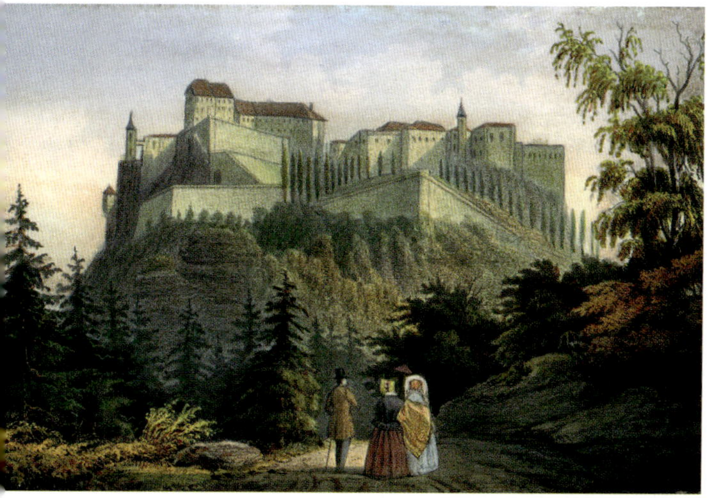

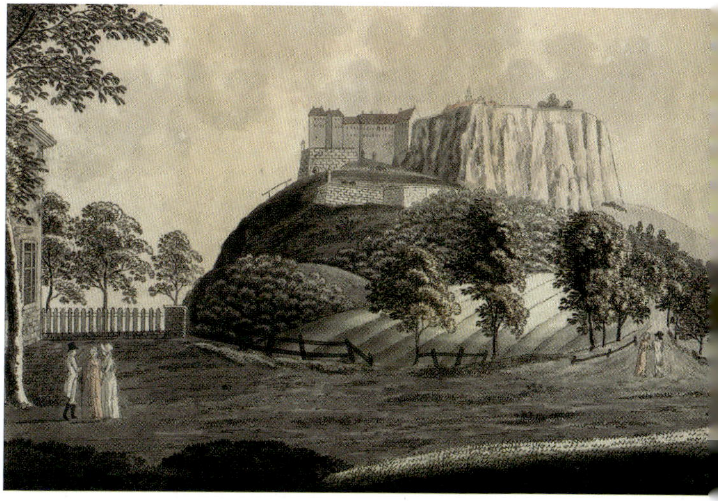

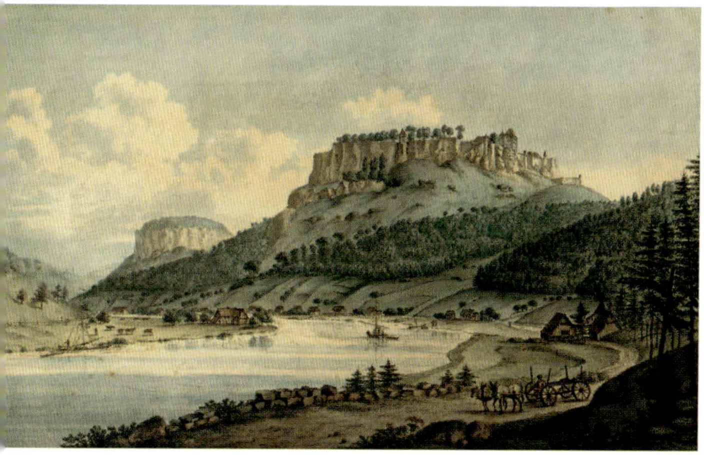

137 Nach Joh. Gottfried Jentzsch: Königstein und Pfaffenstein, 1. Hälfte 19. Jhd., Stiftung Hasse

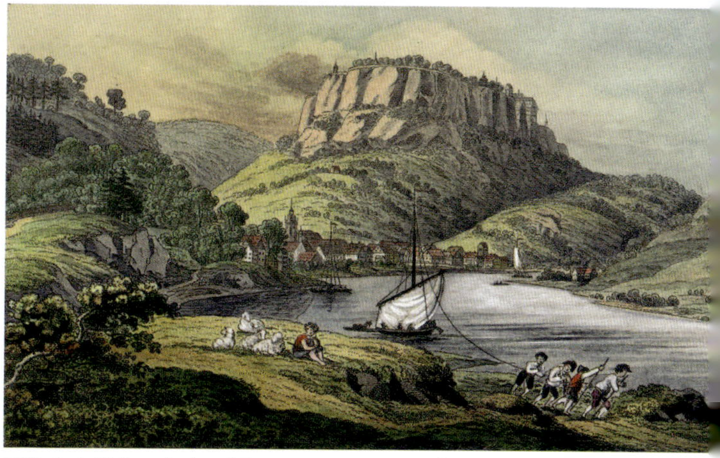

138 J. C. A. Richter: Stadt und Festung Königstein,, 1. Hälfte 19. Jhd., Stiftung Hasse

20
Lilienstein

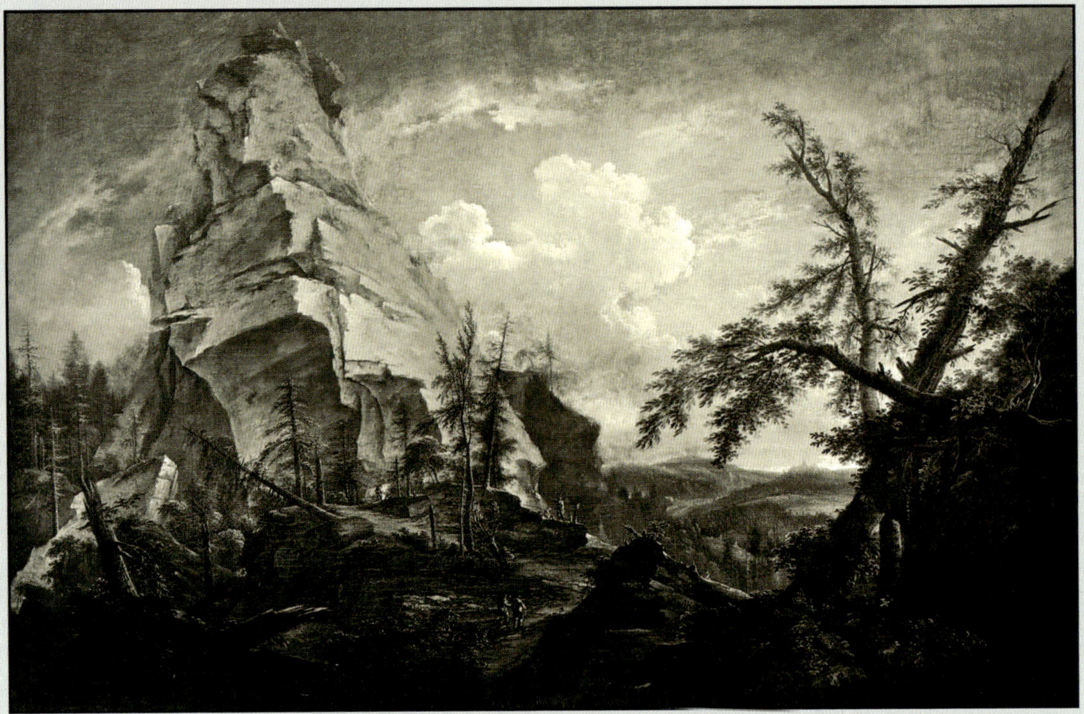

139 Johann Alexander Thiele: Lilienstein, 1742 (Lichtdruck), Stiftung Hasse

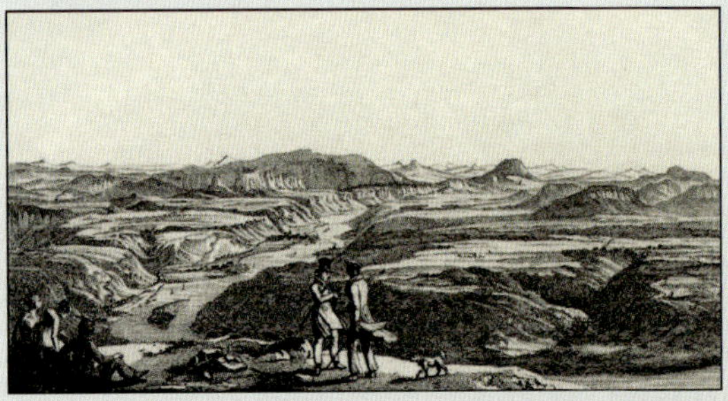

140 Ludwig Richter: Aussicht vom Lilienstein, 1823, Stiftung Hasse

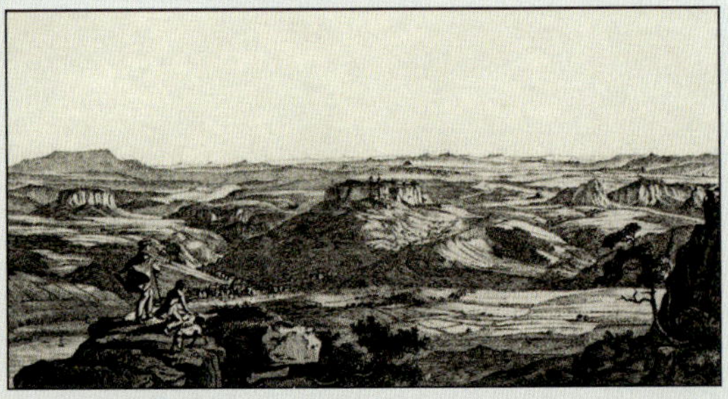

141 Ludwig Richter: Aussicht vom Lilienstein, 1823, Stiftung Hasse

Dem Lilienstein gehört unter den Tafelbergen der Sächsischen Schweiz unbestreitbar die Krone. Das liegt an seiner imponierenden Gestalt, der zentralen Lage und der Elbe, die ihn in gewaltigem Bogen umfließt, sowie an der umfassenden Aussicht, die sich nach allen Seiten bietet, wenn man das weitläufige Gipfelplateau umwandert. Der Lilienstein ist nicht nur ein Sandsteinberg, er ist ein Mythos.

Carl Heinrich Nicolai (1801)

In diesem Ort [Halbestadt] oder doch gewiß in dem darüber auf der Anhöhe liegenden Dörfchen Ebenheit findet er einen Mann, der ihn auf den Lilienstein bringt. In einer halben Stunde hat er von der Ebenheit an denselben erstiegen. Der Weg hinauf ist etwas steil und beschwerlich. Mancher beschreibt ihn auch gefährlich; er ist es aber nicht, wenn man nur nicht sehr schwindlig ist und sich nicht durch die Einbildungskraft und Furcht dahinreißen läßt, sich Gefahr vorzustellen. Hat man den Rücken des Felsens erstiegen, so sieht man mit Verwunderung, wie die letzte westliche Spitze so von der übrigen Felsmasse getrennt ist, daß eine sehr tiefe, unübersteigbare Kluft dazwischen bleibt, so daß dies Horn schlechterdings nicht erstiegen werden kann. Dann findet man noch Rudimente von einer Jagdhütte, die einmal für unseren Durchlauchtigsten Landesvater Friedrich August dahin gebaut war, als dieser erhabene Freund der Natur den wunderbaren Bau dieses Felsens betrachtet und die paradiesische Lage seiner Sommer-und Winterresidenzen auch von dieser Höhe übersehen wollte. Auch dieser Fels ist oben ganz mit Moos bedeckt und mit hohen Bäumen bewachsen. Zwischen diesen geht man über so hohes Heidekraut und eine so große Menge Heidelbeeren, daß man nicht glauben sollte, daß man auf dem Rücken eines von unten ganz kahl erscheinenden Sandfelsens geht. Überall, wo man aus den Bäumen an den Rand tritt, hat man ganz natürlich die prächtigsten Aussichten. Besonders hat die Einsicht in die gegenüberliegende Festung Königstein ganz etwas Eigenes. Am meisten wird man aber überrascht, wenn man sich dem Rand gegen Morgen zu nähert.

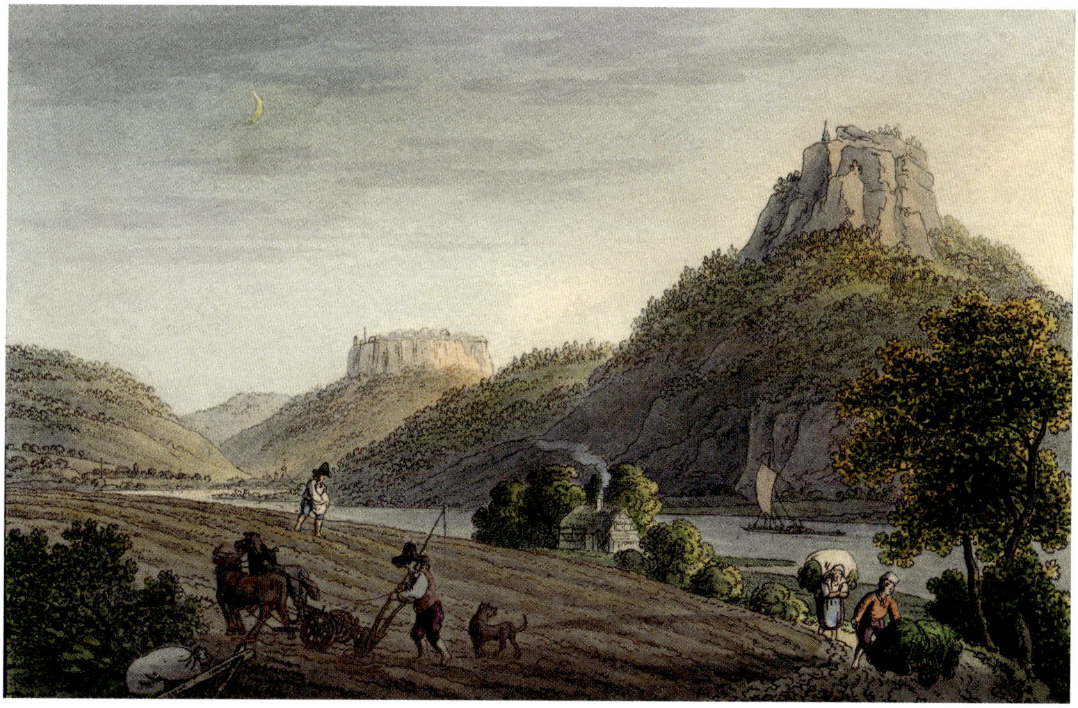

142
Johann Carl Aug. Richter:
Lilienstein und Königstein,
1. Hälfte 19. Jhd.,
Stiftung Hasse

Carl August Engelhardt (1795)

In einem kleinen Nachen schwammen wir, vom Mondschein beleuchtet, über die Elbe, hielten in einem kleinen Häuschen der Ebenheit Nachtlager und erstiegen dann in der Morgendämmerung den ehrwürdigen Lilienstein, diesen höchsten Koloß der ganzen Gegend, um von da das Schauspiel der aufgehenden Sonne zu genießen. Nicht weit vom letzten Haus der Ebenheit [...] steigt der Felsen auf einmal senkrecht in die Höhe und scheint dem neugierigen Wanderer ein majestätisches Veto zuzuwinken. Allein man hat die schwachen Seiten dieses ehrwürdigen Greises entdeckt und ist ihm, wiewohl mit mancher Gefahr, beigekommen. Der Pfad erhebt sich steil, bald über lockern Sand, der unter jedem Tritte zurückweicht, bald über glattes Nadelholz, bald über Felsstufen, zwischen den schauerlichen Wänden. Am gefährlichsten wird er bei einer hölzernen, beinahe ganz verfaulten Brücke, von drei neben einander liegenden Balken ohne Lehne, wo noch dazu die Steinblöcke so weit herüberhängen, daß man sich ein wenig auf die Seite nach einem fürchterlichen Abgrund zu neigen muss. Der Fels ist hier gespalten und bildet eine tiefe Kluft, in welche man hinabstürzen würde, wenn man auf der Brücke ausglitte. [...] Der Gipfel des Liliensteins, das Ziel unsers Kletterns, war nicht mehr fern, wir erreichten den Gipfel, auf welchem eine Menge aufgescheuchter Hirsche und Rehe schüchtern neben uns wegsetzten. Noch lagen die weiten Gegenden unter uns in Nebel gehüllt. Thauwolken schwammen in den sonderbarsten Gestalten, wie Wogen, über den Thälern, nur in der höheren Atmosphäre dämmerte erst der Tag, der Himmel im Osten färbte sich immer röther – majestätisch stieg die Göttin des Tages, wie aus einem Feuermeer hinter den böhmischen Gebirgen auf und ihre ersten Strahlen vergoldeten über uns die Wipfel der Tannen des Liliensteins.

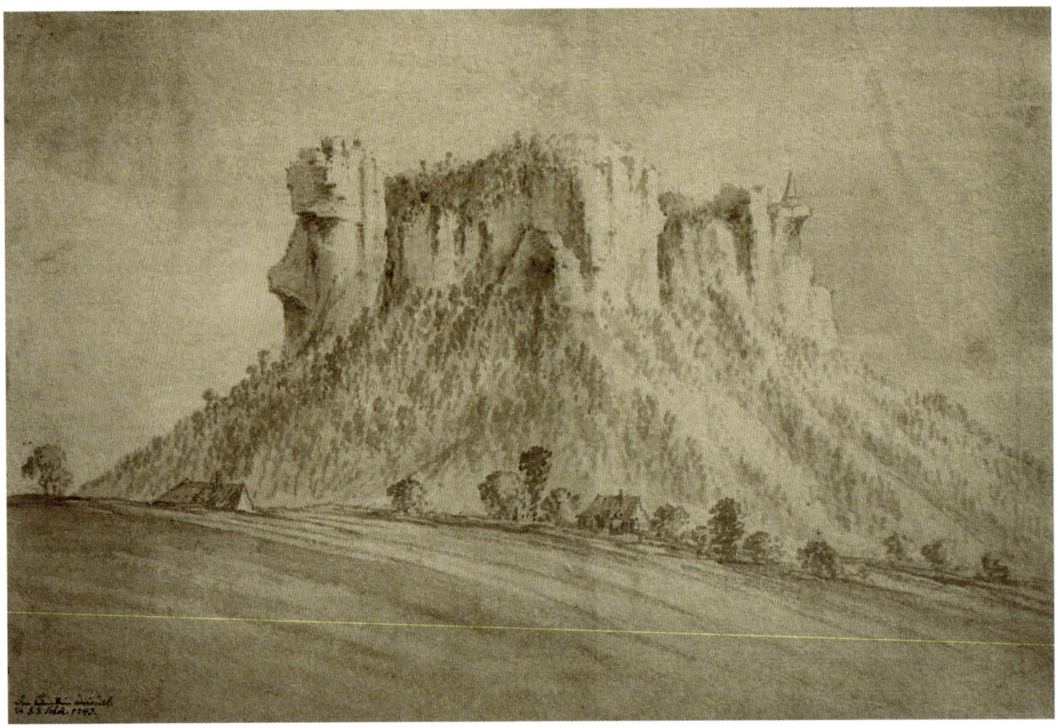

143
Johann Gottlieb Schön:
Lilienstein, 1743,
SKD, Kupferstichkabinett

Da enthüllten sich nach und nach unsern Blicken immer weiter und weiter die Gegenden, die Nebel schienen mir mit den Sonnenstrahlen zu kämpfen, verschwanden endlich und – wir sahen und fühlten. Ich würde ein trockenes Gemälde ohne Haltung und Ton aufstellen, wenn ich die Aussicht ringsum mit dürren Worten entwerfen wollte. Man denke sich einen Teil von Böhmen, dem Erzgebirge, der Lausitz, und den größten Theil des meisnischen Kreises unter und um sich und zeichne [...] mit dem Pinsel einer glühenden Einbildungskraft, oder gehe und sehe selbst.

Wilhelm Lebrecht Götzinger (1804)

Gegen Osten breitet [sich] die mahlerisch schöne Landschaft über Prossen und Schandau hin, und über sie der große Winterberg mit den entfernten böhmischen Gebirgen, und dann weiter nach Nordost die Gegend, welche von Neustadt und Hohnstein herübersieht, ein so wunderschönes Naturgemählde aus, von dem man das Auge gar nicht wegwenden kann. –
Außerdem wird diese Stelle noch durch die auf ihr errichteten Spitzsäule merkwürdig, welche ehedem mit einem Geländer umgeben war, und auf welcher man folgende Inschrift liest:

> ***Friedericus Augustus, Rex et Elector Sax. ut Fortunam virtute, ita asperam harte rupem primus superávit, Aditumque faciliorem reddi curavit Anno 1708.***
>
> ***Friedrich August, König und Kurfürst von Sachsen, erstieg mit eben dem Muthe, mit welchem er sich über sein Schicksal erhob, diesen steilen Felsen (unter seinen Vorfahren) zuerst, und befahl, den Zugang auf ihn ersteiglicher zu machen.***

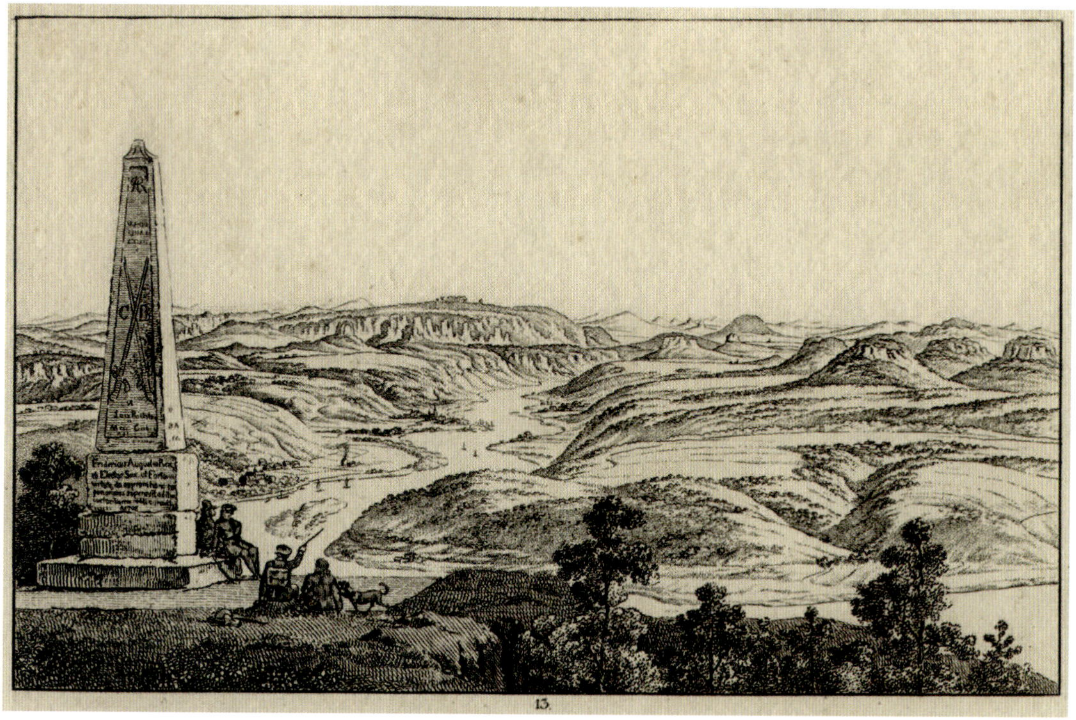

144
Ludwig Richter:
Lilienstein mit Obelisk, Ausblick nach Osten, 1821, Stiftung Hasse

Prominente Besucher in der Sächsischen Schweiz (Übersicht)

um 1740 **Thiele, Johann Alexander (1685–1752)**
Landschaftsmaler und -radierer, Sächsischer Hofmaler, Bildmotive: Königstein, Lilienstein, Rathen, Wehlen, Böhmen

um 1755 **Canaletto (Bernardo Belotto) (1720–1780)**
Ansichten von Pirna und der Festung Königstein

1766 **Zingg, Adrian (1734–1816)**
Schweizer Landschaftszeichner, -radierer und Kupferstecher, gilt als der künstlerische Entdecker der Sächsischen Schweiz, Bildmotive: viele Motive Sächsische und Böhmische Schweiz

1766 **Graff, Anton (1736–1813)**
Schweizer Porträtmaler, begleitete häufig seinen Freund A. Zingg, Bildmotive: verschollene Zeichnungen von der Sächsischen Schweiz

1786 **Götzinger, Wilhelm, Lebrecht (1758–1818)**
Pastor, Naturforscher, verfasste die erste umfassende Beschreibung der Sächsischen Schweiz

1786 **Gessner, Johann Conrad (1764–1826)**
Schweizer Landschafts-, Tier- u. Schlachtenmaler, Zingg-Schüler, interessant der Briefwechsel mit seinem Vater Salomon Gessner aus der Dresdner Zeit 1784–86

1790 **Recke, Elisa von der (1754–1832)**
Dichterin, in Dresden befreundet mit Anton Graff und der Familie Körner

1792 **Veith, Johann Philipp (1768–1837)**
Landschaftsmaler, -zeichner, und -kupferstecher, Zingg-Schüler, Bildmotive: illustrierte die Malerischen Wanderungen von Engelhardt

1798 **Chodowiecki, Daniel (1726–1801)**
Berliner Maler und Radierer, für uns interessant durch seinen Bericht über den Besuch in Dresden bei seinen Freunden Graff und Zingg

1798 **Friedrich, Caspar David (1774–1840)**
Landschaftsmaler und -Zeichner, Bildmotive: viele Elbsandsteinskizzen, mehrere Gemälde,

um 1800 **Günther, Christian August (1759–1824)**
Landschaftsmaler, -zeichner und -kupferstecher, Schüler von Zingg, bebilderte Götzinger: Schandau und Umgebung... 1804, 1812, Bildmotive: viele Elbsandsteinmotive,

Jentzsch, Johann Gottfried (1759–1826)
Landschaftsmaler, - radierer, Bildmotive: Uttewalder Grund, Schrammsteine, Rabenkessel

1806 **Körner, Theodor (1791–1813)**
Dichter des Befreiungskrieges, besuchte mehrfach die Sächsische Schweiz, schrieb „Reise nach Schandau“

um 1800 **Nathe, Christoph (1753–1806)**
Oberlusitzer Maler, Ansichten der Sächsischen Schweiz auch abseits der Hauptwege

1811 **Rellstab, Heinrich Friedrich Ludwig (1799–1860)**
Dichter und Musikschriftsteller, schrieb in seinen Lebenserinnerungen über frühe Besuche in der Sächsischen Schweiz

1813 **Richter, Adrian Ludwig (1803–1884)**
Landschaftsmaler, -kupferstecher sowie Radierer und Illustrator, als 15-Jähriger zeichnete und radierte er viele Ansichten der Sächsischen Schweiz, Bildmotive: 70 und 30 Mahlerische Ansichten, 1821/1823, fünf Basteiansichten 1823

um 1800 **Richter, Carl August (1770–1848)**
Landschaftsmaler, Zeichner, Radierer, Kupferstecher, Zingg-Schüler und langjähriger Werkstattmitarbeiter, Bildmotive: u. v. a. Illustrationen für ALBINA, 70 Mahlerische Ansichten...

1817 **Weber, Carl Maria v. (1786–1826)**
Komponist, die romantische Oper Freischütz ist vor allem durch die Wolfsschluchtszene mit der Sächsischen Schweiz verbunden.

um 1818 **Carus, Carl Gustav (1789–1869)**
Landschaftsmaler und -zeichner, Leibarzt des sächsischen Königs, Gynäkologe, Physiologe, Autor, Freund C. D. Friedrichs, Bildmotive: viele Elbsandsteinskizzen, auch einige Gemälde

1819 **Goethe, August von (1798–1830)**
Sohn des Dichters Johann Wolfgang von Goethe, führte auf seinen Reisen ausführlich Tagebuch

1819 **Dahl, Johan Christian Clausen (1788–1857)**
Norwegischer Landschaftsmaler, befreundet mit C. D. Friedrich, Bildmotive: mehrere Elbsandsteinansichten

um 1819 **Richter, Johann Carl August (1785–1853)**
Landschafts- und Architekturmaler, Radierer, Kupferstecher. Zingg-Schüler, nicht zu verwechseln mit C. A. Richter; Bildmotive: viele kleinformatige Elbsandsteinansichten

um 1820 **Hammer, Christian Gottlob (1779–1864)**
Landschaftszeichner, Radierer und Kupferstecher; Bildmotive: viele großformatige Elbsandsteinansichten

1821 **Heinrich, Johann August (1794–1822)**
Landschaftsmaler und -zeichner, Schüler von C. D. Friedrich; Bildmotive: Uttewalder Grund,

1821 **Shukowski, Wassilij Andrejewitsch (1783–1852)**
Russischer Staatsrat und Dichter, Freund C. D. Friedrichs, Briefe an die russische Großfürstin Alexandra Fjodorowna

1823 **Blechen, Karl (1789–1840)**
Landschafts- u. Dekorationsmaler, durch Besuch bei Dahl und Friedrich Anregung, die Sächsische Schweiz zu besuchen; Bildmotive: Uttewalder u. Liebethaler Grund, Amselfall, Kiritzschtal

1823 **Immermann, Karl Leberecht (1796–1840)**
Landgerichtsrat, Schriftsteller, schrieb in seinen Selbstzeugnissen über seinen Besuch in der Sächsischen Schweiz

1831 **Andersen, Hans Christian (1805–1875)**
Schriftsteller, schrieb die berühmte „Reise nach Dresden und in die Sächsische Schweiz“

1832 **Quandt, Johann Gottlob v. (1787–1859)**
Kunsthistoriker, Sammler, Mäzen, begründete den Sächsischen Kunstverein, seit 1832 in Dittersbach, von dort häufig Ausflüge auch in die nahe Sächsische Schweiz, seine Frau Bianca v. Q.

1835 **Turner, William (1775–1851)**
Englischer Maler, besuchte 1835 die Sächsische Schweiz; Bildmotive: nahezu 100 Skizzen,

1853 **Krone, Hermann (1827–1916)**
Fotograf, Schüler an der Kunstakademie Dresden, Pionier der Landschaftsfotografie in Sachsen

1866 **Rosegger, Peter (1797–1854)**
Schweizer Schriftsteller, besuchte die Sächsische Schweiz

1863 **Menzel, Adolph (1815–1905)**
Berliner Maler, war mehrfach in der Sächsischen Schweiz und gern auch in Herrnskretschen; Bildmotive: Zeichnungen von Felsmotiven und Fachwerkhäusern

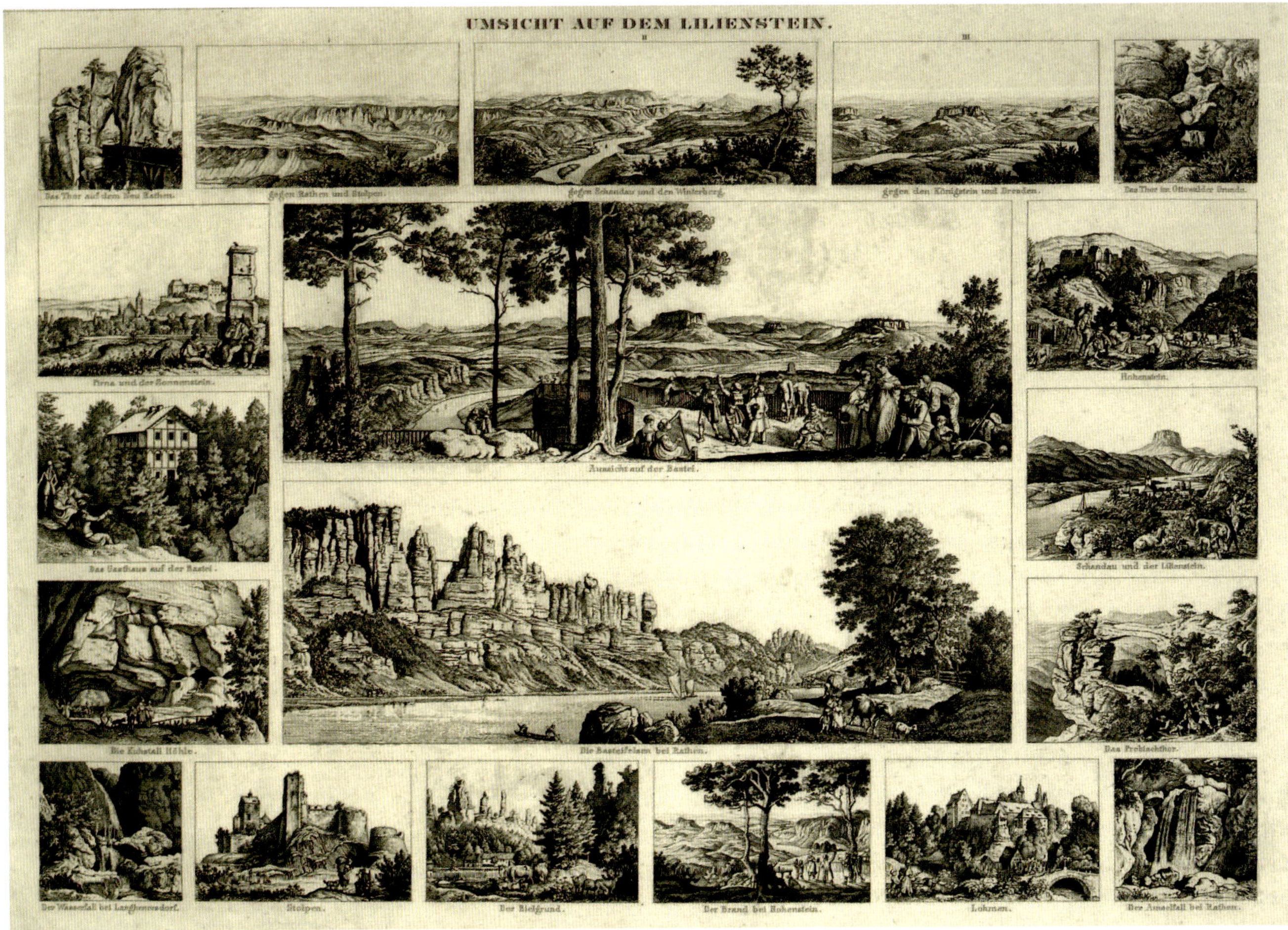

145 Ludwig Richter: Bilderbogen „Die Sächsische Schweiz", 1834 oder 1860, Stiftung Hasse

Die Kunstausstellungen in Berlin und Dresden im Jahr 1820 – ein Vergleich

Die Auflistung der ausgestellten Gemälde „weist darauf hin, daß die Landschaftsmalerei in Dresden, die historische Malerei dagegen in Berlin das Uebergewicht hat, und der Grund davon liegt nahe genug; während der Künstler in Dresden sich vom politischen Leben gar nicht, vom Familienleben nur wenig angesprochen fühlt, sucht er Erholung und Erbauung in den schönen Umgebungen und befreundet sich mit der Natur, die sich dort des Verlassenen gern annimmt.

In Berlin dagegen wird der Künstler von der Natur zurückgewiesen auf sein eignes schöpferisches Gemüth und auf den Umgang mit Menschen, die sich hier um so enger und thätiger aneinander anschließen im häuslichen und geselligen Kreise, da sie sich nicht ins Weite verlaufen können. Die Gastfreiheit Berlins ist längst vor der zu Dresden berühmt, und es hat seinen geographischen Grund; der Berliner muß seinem Gastfreund durch Umgang und Gesellschaft sich gefällig erzeigen, während der Dresdner den Fremdling, der ihm empfohlen ist, zunächst in die Gallerien, dann aber eiligst in den Plauenschen, Ottowalder und andre Gründe schickt, und ihn womöglich durch die Sächsische Schweiz gleich nach den böhmischen Bädern spedirt." (Aus der Beilage zum Literarischen Wochenblatt Nr. 61, September 1820)

Verwendete Zitate aus folgenden Büchern

Albina, Taschenbuch für die Sächsische Schweiz, 1818
Andersen, Hans Christian: Schattenbilder, daraus Reise nach Dresden und in die Sächsische Schweiz, 1835
Brückner und Günther: Pittoreskische Reisen durch Sachsen oder Naturschönheiten Sächsischer Gegenden auf einer gesellschaftlichen Reise gesammelt, Leipzig 1803
Carus, Carl Gustav: Briefe und Aufsätze über Landschaftsmalerei, Leipzig und Weimar 1982
Chodowiecki, Daniel: Journal gehalten auf einer Lustryse von Berlin nach Dresden, Berlin 1961
Engelhardt/Veith: Malerische Wanderungen durch Sachsen, 1794/95
Gessner, Salomon: Briefwechsel mit seinem Sohne. Während dem Aufenthalt des Letztern in Dresden und Rom in den Jahren 1784–85 und 1787–88, Bern und Zürich 180
Goethe, August v.: Wir waren sehr heiter, Reisetagebuch 1819, Berlin 2007
Götzinger, Wilhelm Leberecht: Geschichte und Beschreibung des Chursächsischen Amts Hohnstein mit Lohmen, insbesondere der unter dieses Amt gehörigen Stadt Sebnitz, 1786
Götzinger, Wilhelm Lebrecht: Schandau und seine Umgebung oder Beschreibung der sogenannten Sächsischen Schweiz, 1804, 1812
Hasse, F. C. A.: Dresden und die umliegende Gegend, Dresden 1804
Hofmann, Julius: Das Meißner Hochland oder die Sächsische Schweiz, Lohmen 1842
Lafleur, Ysop: Sämtliche Werke oder Meiner Herrschaft und meiner Wenigkeit romantische Reise in die sächsischen Sandsteingebirge an der Elbe, 1798
Nicolai, Carl Heinrich: Wegweiser durch die Sächsische Schweiz, 1801
Voß, Carl von: Eine Reise nach Dresden, Aufzeichnungen d. Kammerherrn Carl v. Voß, 1822
Schiffner, Albert: Beschreibung der gesamten Sächsisch-böhmischen Schweiz, Meißen 1835
Shukowski, Wassilij Andrejewitsch: Brief an die Großfürstin Alexandra Fjodorowna vom 5. Juli 1821 (nach der Übersetzung von Marina Schulz)

Bildnachweis

Akademie der Künste Berlin: Abb. 32
Mannheim, Kunsthalle: Abb. 33
Nürnberg, Germanisches Nationalmuseum: Abb. 61 (M. Runge), 100
Oslo, Nationalmuseum: Abb. 30
Privatbesitz/Privatsammlung: Abb. 15, 16, 18, 20, 25, 28, 39, 40, 41, 50, 60, 70, 73, 76, 83, 89, 123, 124, 127
Richter, Frank: Abb. 5, 6
Staatliche Kunstsammlungen Dresden (SKD), Kupferstichkabinett: Abb. 19, 74, 88, 143 (alle Herbert Boswank)
Stiftung Hasse: alle sonstigen. Repros Frank Richter
St. Petersburg, Staatliche Eremitage: Abb. 49
SLUB, Deutsche Fotothek: Abb. 56
Wien, Albertina, Graphische Sammlung: Abb. 4, 23

Inhalt

Umschlagabbildungen:
Titel: E. A. Schmidt nach J. C. Dahl: Basteiaussicht (Ausschnitt), um 1830, Sammlung Hasse
Rücktitel: Caspar David Friedrich: Felsenschlucht, 1823, Wien, Galerie Belvedere

Bibliografische Information der Deutschen Nationalbibliothek
Die Deutsche Nationalbibliothek verzeichnen diese Publikation in der Deutschen Nationalbibliografie; detaillierte biliografische Daten sind im Internet über http://dnb.dnb.de abrufbar.

6. erweiterte und korrigierte Auflage 2023
Layout, Satz und Karte: Frank Richter
Gesamtherstellung: Husum Druck- und Verlagsgesellschaft
Postfach 1480, D-25804 Husum
www.verlagsgruppe.de

ISBN: 978-3-86530-281-6